비 고인 하늘을 밟고 가는 일

2016

시인의 말

하루 종일, 살아야 한다는 근사한 이유 하나를 나는 생각했었다.

비 고인 하늘을 밟고 가는 일

여림 유고 전집

1967-2002

시·산문

( )최측의농간

편집자의 말

　이 전집 작업은 2003년 출판된 시인의 유고 시집 『안개 속으로 새들이 걸어간다』를 포함, 시집에 실리지 못한 다수의 유작들과 그 외 여러 곳에 흩어져 있던 원고들을 한 데 묶은 것이며 여림 작품의 완결본을 내려는 목적으로 이루어졌다.

　유고 시집 『안개 속으로 새들이 걸어간다』가 처음 세상에 묶여 나온 것은 2003년이다. 편집자는 2002년 시인의 죽음 이후, 그와 가까웠던 벗들이 그의 컴퓨터에 보관되어 있던 110여 편의 유고를 입수하여 펴낸 유고시집에 여러가지 이유로 포함되지 못했던 시편들을 꼼꼼하게 검

토하여 수록하기로 결정하였다. 외에도 미완성 상태로 흩어져 있던 시편들, 유족들이 보관해온 시·산문들을 면밀히 검토, 선별작업을 통해 수록하였다. 여림은 산문 또한 시처럼 행갈이 하기를 즐겼는데 편집자는 이를 훼손하지 않고 그가 쓴 형태 그대로 수록하였다. 이는 모두 여림 작품집의 완결본을 내고자 하는 취지에 따른 것이다. 시인이 살아있었다면 포함시키지 않았을 작품들이 눈에 띌 수 있겠으나 남아있는 유고 파편들을 독자들에게 한 편이라도 더 소개하는 것이 의의가 있다고 판단, 유연하게 상재하였다. 그러므로 이 유고 전집에 독자로서 아쉽거나 미진하게 느껴지는 부분이 있다면 모든 책임은 편집자에게 있다.

이 전집은 시, 산문 순으로 구성되며 시는 『안개 속으로 새들이 걸어간다』에 수록된 순서 그대로 맨 앞에, 잠들어 있던 43편의 유작 시편들을 시인에 의해 입력되어 있던 순으로 그 뒤에 배치하였다. 산문은 당선소감, 수필, 시작 메모, 편지 순으로 실었으며 유고시집에 실려 있던 최하림, 박형준 시인의 두 발문에 더해 이승희 시인의 새로운 발문 하나를 추가, 수록하였다. 말미에는 간략한 연보와 함께 시인의 사진, 육필 원고를 한장씩 첨부하였다.

'여림 전집'이라는 군더더기 없는 제목만으로 책을 선

보이고자 했으나, 최측의농간에서는 '여림'이라는 시인의 이름을 낯설게 여길 독자들에게까지 이 작품집의 울림이 전해질 수 있기를 바랐다. 그 바람의 결과물로서 전집의 분위기를 무리없이 드러내면서도 독자들의 마음에 여운으로 다가갈 수 있을 만 한 시제 하나를 전집의 전면에 드러내기로 결정하였다. 고심 끝에 '비 고인 하늘을 밟고 가는 일'을 시인의 상처와 사랑의 기록들을 위한 초상으로 선택하였다. 이는 미완성 상태의 짧은 단락으로 남아 있는 시인의 유작「비 고인 하늘을 밟고 가는 일」의 제목에서 수습해온 것이다. 편집자는 이것을 시인 자신의 운명과 그를 추적하는 우리들 삶의 한 컷에 대한 중층 은유로 보았다.

여림의 유고를 수집하고 추슬러 정돈하는 일은 녹록치 않았다. 속된 겨울을 지나 황사가 마음 곳곳을 물들이던 텁텁한 봄 내내 편집자는 시인이 남긴 유고와 함께 그의 작품 속으로 침잠하였다. 만날 수 없는 그를, 생의 질서를 거슬러 만나고 싶었던 막막한 시간이 견디기 어렵다고 느껴질 때 편집자는 시인과 시인의 가족들을 생각하였다. 여림의 셋째 형님에 의하면 여전히 그의 방은 그가 살아있던 때 그대로 정돈, 보존되어 있다고 한다.

계절은 세 번 바뀌었다. 여림은 그러나 여전히 멀리서

보일듯 말듯 깜빡이는 불빛처럼 아련하다.

   기획과 편집 작업을 거쳐 비로소 그의 전집을 세상에 내보내는 이 순간까지 유족을 포함한 많은 분들이 따뜻한 마음으로 격려와 함께 협조해주셨다. 형제가 많았던 시인 여림이었지만 그중에서도 시인과 특별한 유대감이 있었던 셋째 형 '여영천' 님께서 각별한 관심과 애정으로 시인과 관련한 많은 자료들을 참고할 수 있도록 커다란 도움을 주셨다. 시인의 벗으로서 오랜 시간 시인의 유고를 소중히 간직해오셨던 박형준 선생님은 책의 기획에서 마무리 단계까지 귀한 조언을 아끼지 않으셨으며 새로운 발문 수록에 흔쾌히 동의해주신 이승희 선생님 또한 따뜻한 격려를 보내주셨다. 스승으로서 시인에 대해 특별한 기억을 간직하고 계셨던, 고 최하림 선생님을 포함한 많은 분들이 큰 힘이 되어주셨다. 이 유고 전집은 이렇게 많은 분들의 마음이 모여 세상에 나오는 것이다. 애정을 갖고 지켜봐주신 모든 분들에게 감사하다는 말씀을 전하고 싶다.

비 고인 하늘을 밟고 가는 일

일러두기

1) 이 전집은 시인의 유고를 텍스트로 삼았으며, 유고시집 『안개 속으로 새들이 걸어간다』(2003, 작가)와 시집에 실리지 않은 시인의 유작 시, 유족들이 보관해온 시인의 원고(시, 편지, 메모, 수필) 외에도 다양한 매체에 산발적으로 흩어져 있던 유고 파편들을 참고하였습니다.
2) 이 전집은 원문에 충실하려는 의도 아래 꼼꼼한 원문 대조 작업을 거쳤으며, 명백한 탈자들은 교열하였지만 불필요하다고 보여지는 한자나 맞춤법, 외래어 표기법에 맞지 않는 표기들은 그대로 살렸습니다.
3) 본문에 사용된 부호는 다음과 같습니다.
   책·잡지: 『 』
   시·발문: 「 」
   강조·인용: ' '

○ 시詩의 한 연이 첫 번째 행에서 시작될 때는 <로 표시합니다

차례

편집자의 말 7
일러두기 12

1부 — 시

‖ 안개 속으로 새들이 걸어간다 ‖

실업 24
겨울, 북한강에서 일박 25
밥이 내게 말한다 27
나는 집으로 간다 29
마석우리 詩·1 - 나의 너에게 31
마석우리 詩·2 - 어머니 32
강물은 흘러 흘러 어디로 가나 33
내 마음의 신발 34
결빙기 36
인사동에 묻다 - 1989년 3월 38
난지도 근처 40
어린 시절의 밥상 풍경 42

나는 공원으로 간다	43
폐경기, 그 이후	45
1999년 2월 3일, 아침 04시 40분	46
물잔디	48
그리운 나무	49
내가 여읜 모든 것을 깨닫게 될 겨울	50
손가락들이 봉숭아보다 더 붉어서 아프다	51
봄 '환절기' 여름	53
무인도에서 일일	55
떠난 집	57
땅속의 방	58
대체로 사는 건 싫다	59
지하철 묘지	61
허망한 뿌리는 숨죽이고	63
실업편	65
하회마을에서	68
4월의 단풍나무	70
살아야 한다는 근사한 이유	72
숨찬 기억으로 되돌아오는 것은	74
네가 떠나고	75

네가 가고 나서부터 비가 내렸다	78
계단의 끝은 벼랑이었다	79
마음 속의 나무	80
돌담에서 바라본 서울의 야경	84
물레방아가 쉼없이 저를 공굴리는 지하실에서	86
장미꽃 밟지 않으려	88
이십대의 끝	91
침몰	92
정독 도서관	93
늙은 은행나무의 노래	94
느낌	96
시집, 그 속의 사막	97
고독	98
선인장	99
담배꽁초	101
나무가 일어난다	102
순환선	103
고릴라	104
木에게	106
예하리에서	108

‖ 새로 싣는 유고 시 ‖

구직자 명태 씨의 하루　　　　　　112
마석우리에서　　　　　　　　　　113
길　　　　　　　　　　　　　　　114
계단밟기　　　　　　　　　　　　117
서울 사막　　　　　　　　　　　　119
참회록　　　　　　　　　　　　　120
엽서　　　　　　　　　　　　　　121
[고궁에서] - 참회록 -　　　　　　123
병상일지 1　　　　　　　　　　　125
둥지를 튼 새　　　　　　　　　　126
아버지 나무에 바다가 산다. 1　　　127
아버지 나무에 바다가 산다. 2　　　128
나의 아름다운 세탁소　　　　　　129
이 저녁 빈센트 반 고흐와 함께　　131
겨울 밤길을 걸으며　　　　　　　132
되돌아갈 수 없는 자리　　　　　　135
두 개의 가로등, 그리고 불빛　　　138
나랑은 상관없을 저 바람과 저 햇살과….　139

기원	142
보물섬을 찾지 못한 선장	143
개미	144
칼날, 또 하나의 이력	145
나의 아버지 나무에게로 간다	146
침몰의 나날	148
개와 나	149
사막을 낙타가 건너는 法	151
빨간망토	152
바람찬 날에 꽃이여 꽃이여	153
진화된 우울	156
목련 여인숙에 지다	157
너를 질투하는 시	158
폭죽처럼 터지는 첫눈, 그리운 사람들.	160
태양은 하늘에 떠 있는 섬	162
끈 - 석왕사에서	163
탈영일지 - 그 가을 어느 날	165
물음표로 그리는 사랑	167
바람은 더위를 풀무질하고	169
모란 공원에 지다	170

비 내리는 밤	171
바람이 시린 날	172
낯선 도시의 밤	173
고독한 독백	175
나의 하루	177

2부 — 산문

‖ 시작 메모 · 수필 · 기타 ‖

당선소감(1999년 한국일보 신춘문예 시부문 당선소감)	182
마당의 끝이 바다였던 집	185
「모란 공원에 지다」 시작 메모	190
「마석우리 詩 1 - 어머니」 시작 메모	191
「예정없는 여행」 시작 메모	192
「예하리에서」 시작 메모	194
자기소개서	195

‖ 편지 ‖

　편지 1　　　　　　　　　　　　　　　　204
　편지 2　　　　　　　　　　　　　　　　209

○ 발문

　최하림 「그는 왜 침묵을 살아야 했을까」　　214
　박형준 「절실한 울림」　　　　　　　　　224
　이승희 「네가 가고 나서부터 비가 내렸다」　230

○ 연보 · 자료　　　　　　　　　　　　　237

1부

시

‖ 안개 속으로 새들이 걸어간다 ‖

실업

즐거운 나날이었다 가끔 공원에서 비둘기 떼와
낮술을 마시기도 하고 정오 무렵 비둘기 떼가 역으로
교회로 가방을 챙겨 떠나고 나면 나는 오후 내내
순환선 열차에 앉아 고개를 꾸벅이며 제자리걸음을 했다
가고 싶은 곳들이 많았다 산으로도 가고 강으로도
가고 아버지 산소 앞에서 한나절을 보내기도 했다
저녁이면 친구들을 만나 여느 날의 퇴근길처럼
포장마차에 들러 하루 분의 끼니를 해결하고
아무렇지도 않게 과일 한 봉지를 사들고
집으로 돌아오는 길은 아름다웠다 아내와
아이들의 성적 문제로 조금 실랑이질을 하다가
잠자리에 들어서는 다음날 해야 할 일들로
가슴이 벅차 오히려 잠을 설쳐야 했다

이력서를 쓰기에도 이력이 난 나이
출근길마다 나는 호출기에 메시지를 남긴다
'지금 나의 삶은 부재중이오니 희망을
알려주시면 어디로든 곧장 달려가겠습니다'

겨울, 북한강에서 일박

흐르는 강물에도 세월의 흔적이 있다는 것을
겨울, 북한강에 와서 나는 깨닫는다
강기슭에서 등을 말리는 오래된 폐선과
담장이 허물어져 내린 민박집들 사이로
하모니카 같은 기차가 젊은 날의 유적들처럼
비음 섞인 기적을 울리며 지나는 새벽
나는 한 떼의 눈발을 이끌고 강가로 나가
깊은 강심으로 소주 몇 잔을 떨구었다
조금씩 흔들리는 섬세한 강의 뿌리
이 세상 뿌리 없는 것들은 잠시 머물렀다
어디론가 쉼 없이 흘러가기만 한다는 것을
나는 강물 위를 떠가는 폐비닐 몇 장으로 보았다
따뜻하게 안겨오는 강의 온기 속으로
수척한 물결은 저를 깨우며 또 흐르고
손바닥을 적시고 가는 투명한 강의 수화,
너도… 살고 싶은 게로구나
깃털에 쌓인 눈발을 털어 내며 물결 위로 초승달
보다 더 얇게 물수제비뜨며 달려나가는 철새들

어둠 속에서 알처럼 둥근 해를 부화시키고 있었다

밥이 내게 말한다

당신들은 나를 빌어 욕을 하지만
그러나 나는 기꺼이 당신들의 밥이 된다
밥맛없는… 밥값도 못하는… 밥벌이도
못하는 주제에… 밥벌레 같은… 밥통 같은,
밥줄이 끊어진 당신들이 모여 앉아 나를
두고 하는 말들을 들으면 나는 밥투정을
하는 아이처럼 울고 싶어지다가도 밥술을
구걸하러 온 시동생의 뺨을 밥주걱으로
사정없이 올려붙인 놀부 마누라처럼
당신들을 향해 밥상을 엎고 싶어진다
사람 사는 맛은 밥맛과도 같은 거야
하루 일을 마치고 돌아온 식구들이
밥상 앞에 오순도순 정답게 둘러앉아
군내가 풍겨나는 묵은 김장 김치를 꺼내
싱싱한 고등어를 토막쳐 넣고 끓인 찌개에다
따뜻한 한솥밥을 함께 나눠먹는 거지
밥 한 끼를 벌기 위해 오늘도 수없이 많은
밥맛 앞에 다소곳하게 고개를 숙이고 돌아온

내게 밥이 말한다
나는 당신들의 밥이 아니다

나는 집으로 간다

몇 번이나 주저앉았는지 모른다
햇살에도 걸리고 횡단보도 신호등에도 걸려
자잘한 잡품들을 길거리에 늘어놓고 초라한
눈빛으로 행인들을 응시하는 잡상인처럼
나는 무릎을 포개고 앉아 견뎌온 생애와
버텨가야 할 생계를 간단없이 생각했다
해가 지고 구름이 떠오르고 이윽고
밥풀처럼 입술 주위로 묻어나던 싸라기눈
아줌마 여기 소주 한 병 주세요,
나는 석유 난로 그을음 자욱한 포장마차에 앉아
가락국수 한 그릇을 반찬 삼은 저녁을 먹는다
둘러보면 모두들 살붙이 같고 피붙이인 사람들
포장 틈새로 스며드는 살바람에 찬 손 가득
깨진 유리병 같은 소주 몇 잔을 털어 넣고
구겨진 지폐처럼 등이 굽어 돌아가는
사람들을 볼 때마다 나는 오랜 친구처럼
한두 마디 인사라도 허물없이 건네고 싶어진다

<
포장을 걷으면 환하고 따뜻한 길
좀 전에 내린 것은 눈이 아니라 별이었구나
옷자락에 묻어나는 별들의 사금파리
멀리 집의 불빛이 소혹성처럼 둥글다

마석우리 詩 · 1
— 나의 너에게

이 길이 끝날 즈음에 네가 서 있어 주었으면 좋겠다

창문을 열면 한 폭의 들판이 풍경화가 되던 집
그 속에서 양떼나 치고 밭이나 가는 생애도
힘겹지만 아름다울 것이라고 혼잣말을 했었다
노을이 내리고 양떼를 몰고 내려오는 산골짝마다
첫눈처럼 만종이 은은할 적이면 먼 데 있는
친구의 안부를 묻듯 하늘을 향해 눈인사라도 하며
그립도록 따뜻한 마을의 불빛을 크리스마스
트리의 불빛처럼 오래 바라다보고 싶었다

풍경이 지워진 들판 끝에서 기다려다오, 봉화가 핀다

마석우리 詩 · 2
― 어머니

서울에 올라 온 첫 해에 아버지를 보내며
어머니는 떠나온 고향도 함께 땅에 묻었다
반평생 동안 아버지가 잡아온 횟감으로 회를
뜨며 회처럼 얇게 바다를 저며내며 어머니는
비린 앞치마 가득 생선 비늘처럼 얇고 투명한
바다를 날마다 부지런히 닦아 내었다

몸보다 무거운 옷을 걸치고 옷보다
더 무거운 봄 햇살을 받으며 공원 묘지
꼭대기에 있는 아버지 산소를 오르는 길
나는 앞서 가는 어머니의 등허리를
무거운 짐수레를 밀 듯 뒤에서
천천히 밀어 드리고 싶었다

강물은 흘러 흘러 어디로 가나

나
밤 강에 갔었다
얼음 언 강은 거북 등처럼
투박하게 갈라져 있었다
골짝을 내려온 안개가 살풋
살풋 밟고 지날 적마다
깨어지는 거북 등 사이로
강물의 비명 소리 들렸다
강은 거북처럼 느릿느릿 흘렀다
물결이 첨벙첨벙 기슭으로 걸어왔다
물결의 이마는 주름살투성이였다
강은 늙었다
나
밤 강에 담뱃불 한 점 건너가야
할 시간의 징표로 남기고 왔다

내 마음의 신발

오후 네 시
사람들은 집에 없었다
아무도 자기를 사랑하지 않는다고
오래도록 전화가 저 혼자 울고
비디오에 장착된 디지털 시계만이
깜빡거리며 집안을 걸어다녔다
비디오 또한 예약된 시간이 되면
저 혼자 깨어나 움직일 것이다
살 것이다
텔레비전을 켠다 어제도 보고
몇 년 전에도 보았던 사람들이
(살아서)돌아다닌다 소리를
죽이자 그들 또한 죽어버린다
(헛것이 된다)
몇 년을 보아온 저들의 대화 속에는
(일상 속에는) 나는 없다
나는 저들의 나이와 경력과 특이한
버릇이나 취미까지도 알고 있는데

저들은 나를 모른다
나는 리모콘을 바닥에 버린다
텔레비전 속에 아무도 살지 않듯
집에도 아무도 살지 않는다
모두들 말하고 먹고 잠자고
돌아다니면서도 살지 않는다
잠시 들르는 가게나 술집처럼
육체나 생애 또한 그렇게
머물렀다 떠날 것이다
오후 네 시
이제부터 나는 집을
집이라 부르지 않으려 한다
마음만 먹으면 언제든지 갈아
치울 수 있는 신발이라 부르리
(혹은 텔레비전이거나 가족이거나)

결빙기

먼
뭍엔 불빛 몇 점 해파리처럼 떠 있었다
객실 문틈으로 스며들던 살바람은
샐녘까지 찬 벽마다 엇결로 환을 치고
설핏 든 풋잠은 옆질에 흔들리는
뱃전처럼 어지러웠다
간혹 소금기 자욱한 고동 소리에
미역 숲 같은 섬사람들은 밭은기침 끝으로
수화처럼 어지러운 잠뜻을 하고
손바닥만큼 작아진 나의 얼굴은 유리창
너머 간간이 섞이는 콩노굿 같은 눈꽃
송이들로 점묘되고 있었다
사람의 한 뉘가 사람과 사람 사이에서
멀미를 하면서도 돌아서면 그리운 게
사람이었던 것처럼 살아가는 일이
한기 첩첩한 동짓달 밤
칠흑의 배래 위로 바닷길을 내어가며
고스란히 혼자 앓는 배 멀미쯤임을 알겠네

언젠가는 가 닿을 섬을 떠올리면서
필생의 업으로 송장헤엄을 치는 허허바다
보늬처럼 얄팍한 어둠을 헤치고 미명의
하늘 저 편으로 눈 덮인 새벽 달 하나
섬이 되어 어디론가 흘러가고 있었다

인사동에 묻다
― 1989년 3월

포장 밖으로 길들이 흘러갔다
추억이 시간을 맞으러 흘러갔다
예정된 것이 하나도 없는 저녁
구태 의연한 일상들은 파지로
구겨지거나 처음부터 길을 잘못
든 차량처럼 후진해 나갔다
불가사의한 어둠들은 이 시각
골목이나 공원에서 불안한 자세로
기웃거리고 있을 것이었다
도무지 짐작하기도 힘들 만큼
생애의 어느 한 부분은 공기의
유리컵 속에 한 방울의 우유로
용해되는 담배 연기처럼 상당수
흐려져 있거나 침을 묻혀 가며 꼭
꼭 집어도 낱낱이 갈라져 뭉쳐지지
않는 머리카락처럼 뭉텅 빠져 있었다
이 시간 또한 예정된 것은 아니었다
어둠들은 이제 소유한 만큼씩의

불빛을 단단하게 발하고 있다

나는 흘러가지 않는다
한 정점으로 거슬러 올라간다

난지도 근처

강물도 이곳에서는 쓰레기의 일부로
흐른다는 사실을 사람들은 몰랐다
떠나지 않으려 쇠스랑을 꽂으며
쓰레기 더미에 발을 담그는 어스름
올림픽대로를 따라 공항으로 향하는
차들의 불빛은 어쩌다 연등절 꽃등의
행렬처럼 아름다워 보이기도 하였다
향긋하기까지 한 부패의 향기
쓰레기를 깎아 만든 산그늘을 배경으로
행주산성 멀리까지 저녁 안개가 질 적이면
사이사이 이끼처럼 자라는 아이들 몇
까치눈이 생긴 아버지의 발걸음을 흉내
내며 까치걸음을 뛰며 깍깍거렸다
어디서나 쓰레기 냄새가 난다고 반갑지
않던 아이들 그러나 버리는 사람이 있으면
치우는 사람도 있어야 한다고 익숙한 제 몸
냄새에 이 세상 누군가는 반갑게 웃어줄지도
모른다는 순결한 믿음을 가진 까치무릇들

떠나지 않으리라
구름의 웃음소리로 쏟아져 내리는 눈이 쌓이면
난지도는 한 개 순백색 섬으로 재생되고
쓰레기가 아닌 섬 쓰레기가 아닌 사람들

나는 여의도로 가고 있는 유람선을 향해
잔돌 몇 개를 날렵하게 집어 날렸다

어린 시절의 밥상 풍경

아버지는 언제나 저녁을 드시고 오셨다
보리와 고구마가 쌀보다 더 많았던 저녁밥을
밥그릇도 없이 한 양푼 가득 담아 식구들은 정신없이
숟가락질을 하다가도 조금씩 바닥이 보일라치면
큰형부터 차례로 수저를 놓았고 한두 알 남은
고구마는 언제나 막내인 내 차지였다

이제 나는 혼자 밥을 먹는다

나는 공원으로 간다

술을 마시는 게 두려운 나날이었습니다
옷장 속에, 책상 서랍에 술병을 숨겨두고
혼자 마시는 술은 독약이었습니다
떨리는 손으로 이력서를 쓰다 말고
내어다 본 창문 밖은 이른봄이었겠지요
허름한 옷에다 마스크로 얼굴을 가리고
요즘은 도시 공공 근로자 일을 합니다
은빛 피라미 떼 같은 햇살이 자욱한 점심때
양은 도시락 하나씩을 찬 손에 꺼내 들고
저희들은 잔디밭에 둘러앉아 밥을 먹습니다
밥 대신 소주 한 병을 꺼내놓는 노인도 계시지요
추위에도 떨고, 술 때문에 떨면서도 누구도
제 옷깃을 바로 여미는 사람은 없습니다
산다는 일은 어쩌면 이렇게 조금씩 제 몸을
떨면서도 애써 모르는 척하는 것은 아닐까요
그렇지만 걱정 마세요, 그렇게 밥만 먹고
하루를 보내지는 않았으니까요
저희들은 순한 양떼가 되어 오늘 하루

공원 풀밭 구석구석 담배꽁초를 뜯고
쓰레기를 주워 먹었습니다

돌아오는 길엔

폐경기, 그 이후

 그해 여름이 다 가도록 나는 울음이 헤픈 한 마리 매미였다 신록 속으로 뚜벅뚜벅 구름이 걸어 들어오고 시간은 모기향처럼 뚝뚝 끊어져 내렸다 정지된 풍경의 한 장면인 채로 달력마다 해바라기가 황금빛을 뿜을 때까지 나의 몸은 사과알이 모두 빠진 후 왕겨들로만 가득찬 상자같이 까칠했다 햇덧 동안 투명한 집에서는 오래도록 전화가 울고 그때마다 가벼워진 몸에서는 새청 같은 정전기가 소스라치게 일었지만

 이제 나는 하루살이 떼 같은 눈발이 날리는 저녁이면 김장독에 묻어둔 김칫돌을 들추어 한 포기 맛깔스런 배추를 담아내다 수저 위에 툭툭 걸친 더운 저녁을 지어 먹고 푸근한 아랫목에 무릎을 펴고 앉아 알토란 같았던 나날의 생애 위로 다보록하게 피어날 거먕빛 꽃망울들을 쓰다듬게 되리라 이윽고 막장에서 건져 올린 금모래에서 익숙한 함지질로 물목을 잡아내는 저 신비로운 난장꾼처럼

1999년 2월 3일 아침 04시 40분

나는 절망한다
아니,
절망도 아닌 그 무엇
어머니는 새벽 기도를 나가시고 나는,
갈수록 흐려지는 눈을 헤집으며 여기 앉았다
이빨을 지그시 짓누르는 삶은 회한들
그러고도 모자란 듯 호흡은 갈수록 나를 괴롭힌다
시를 쓰는 자들의 영특함, 혹은 영악함
자신과의 어떤 축, 혹은 城을 구축하려는 모습이
눈을 감고 그 눈 속이 쓰린 만큼 아프다
나는 꿈을 이루었다
이것으로 되었다
시인이 되고 싶었을 따름이지 시인으로서 굳이
어떤 말을 하고 싶지 않았다

    등단을 거치면 곧 그 심사 위원인 시인 분 — 평소에도 난, 너무 그분들을 존경해 왔다. 그래서 그분들의 말씀, 즉 시만으로도 가슴이 벅찼다. 더군다나 그런 분들이 내 시를 읽고 직접 뽑으셨다는 데야… ― 들을 찾아뵈어야 한다는 것도 마음속의 모를 짐이었다.

천천히 나중에 찾아뵈었어도 좋았을 것을…

힘이 든다
여지껏 시와 내가 지녀왔던 경계심, 혹은 긴장감들이 한꺼번에 용해되면서 나는 밤낮으로 죽지 않을 만큼만 술을 먹었고 그 술에 아팠다.
생각해 보라
35년을 아니, 거기에서 10년을 뺀 나머지의 생애를 한 사람이 시로 인해서 피폐해 갔다

물잔디

초록이 튼다
아주 조금씩 꿈틀거리며
제 키를 한 발짝씩 발돋움하며
보리 싹보다 더 옹골진 튼실한 몸짓으로
저기
살아 있는 빛으로 스스로 아름다운
초
록
초
록
들창을 두들기는 봄비의 푸른 속삭임으로
내 귀의 달팽이관에 잠든 황금빛 달팽이를 깨워
세상 어디쯤으로 나가자고 자꾸만
초
록
초
록

그리운 나무

아무도 그 나무에 둥지를 틀지 않으면서부터
나무는 숲속처럼 적막해지기 시작했다
텅 빈 고요가 오후의 햇살처럼 마른 가지에
걸리기도 하고 바람은 모래알처럼 습기 한 점
머금고 있지 않았다 실팍한 뿌리가
바위에 걸려 찢어질 때마다 나무는 가지를
흔들며 비명을 질렀지만 메아리조차
지워진 골짜기에는 말라버린 물줄기만
흔적을 드러낼 뿐이었다
날이 갈수록 갈라진 껍질에는 각질 같은
생채기가 생겼고 잎이 떨어진 자리마다
흉물스럽게 수액이 흘러내렸다

그리운 나무
나는 장롱에 윤을 내다 말고 문득 나무 결에
드문드문 박힌 생채기가 가여워져
오래 전 둥지를 틀었을 새들이 그랬던 것처럼
장롱 속에 가만가만 몸을 숨겨본다

내가 여읜 모든 것을 깨닫게 될 겨울

여름의 끝자락이어서, 아니 환절기의 시작이어서,
저녁이면 소슬바람에 드러난 몸에 소름이 잘게 돋았다
내게 있는 모든 것을 여의고 있을 가을과
내가 여읜 모든 것을 깨닫게 될 겨울을 위해
나
이제 삶의 한가운데로 들어가려 한다
살아야 한다는 절실한 다짐을 가슴 깊이 각인하고서 세상의 것들에게서 발을 떼려 한다
…저기, 누군가의 흰 옷자락이 보인다
따뜻하게 웃고 있다
나도 환하게 웃으려 한다

아주 훗날,
긴 편지를 보낼 때까지 안녕
그때의 편지는 못다 한 푸념이거나 안부 인사 정도이겠지
…안녕 내 사랑…!

손가락들이 봉숭아보다 더 붉어서 아프다

바다를 본 기억이 없다 분명 기억 속의 그 도시엔 바다가 있었는데 난
바다를 본 기억이 없다

횡단보도였지
차들이 소음을 지르며 질주하고
행인들이 지나가는 버스를 향해 손을 흔들고
햇살은 부시도록 선명했는데
나
가게 앞 의자에 앉아 혼자 울 뻔했었다
살아 있다니
…그건
참으로 끔찍하기까지 한 현실이었다

울지 않으려 차창으로만 시선을 두다가 일시에 날아오르는 새떼를 보았지
황망하게도
그 풍경이 나를 울리고 말았다

<

　사람들은 늘 그 자리에 웃거나 혹은 뒤척이면서 지내고 있었다
　우습게도
　그런 모습이 또 서글퍼 보이기도 하더군
　할 말이 너무 많아서일까?
　나
　웃다 울다 바보처럼 돌아서 왔다

　그리운 사람,
　때로 너무 생각이 간절해져서 전화조차 버거웠다면 쓸쓸히 웃을까?
　보고싶어서 컴퓨터 자판 위에 놓인 손가락들을 본다
　그런데
　손가락들이 봉숭아보다 더 붉어서 아프다
　그리운 사람
　조금씩만 서로 미워하며 살자
　눈엔 술을 담고 술엔 마음을 담기로

봄 '환절기' 여름

자욱하다 황사 뒤로 사태지는 꽃가루
충혈된 눈으로 바라다보는 세상은 빈 집
희디 흰 빨래의 펄럭임만으로도 눈물을 쏟게 했다
이 한 철 나는 바람이 시리도록 푸르게
밀물지는 보리밭 허수아비로 서 있었다 이제는
흔한 장난조차도 없는 새들의 사랑
나는 아무도 돌보지 않는 넝마의 껍질이었다
봄볕 같은 아이들은 은빛 호루라기 소리를 내며
소풍을 가고 춘곤증에 겨운 도시는 정오가
지나면서 아예 혼수상태에 빠져 있었다 잠꼬대에
가까운 거짓말을 해대며 연인들은 서로의 뿌리를
더듬어 내려가고 그러한 낮 우리의 어머니와
아버지들은 일당 삼만원에 환경미화원으로 고용이
되어 폐수로 오염된 이 도시의 강둑을 따라
저물도록 쓰레기를 줍고 잡초를 뜯는 순한 양떼로 노닐
곤 했었다 밤벚꽃 놀이에 사람들은 일부러 막차를 놓치고
숙박비와 택시엔 꼬박꼬박 할증료가 붙었다
순결한 백의가 더 이상 그립지 않은 나라

환청처럼 들려오는 빨래 방망이질 소리에 귀를
묻고 있는 나는 실속을 차리는 수가 되지 못하고
언제나 빈털터리 허수의 아비일 뿐이었다

무인도에서 일일

얼음장 밑으로 흐르는 것이 어디 강물 뿐이랴
깊어질수록 따뜻이 숨을 쉴 동면기의 어족들
가만가만 몸을 흔들 은사시 같은 수초들
잠깐의 스침에도 푸득푸득 빛으로 떠돌 형광빛 야광충
모두가 이웃하며 이 겨울을 견딜 것이다
얼음끌로 깎아 만든 작은 웅덩이 앞에 생채기 진
나무 의자 하나로 섬이 되어 버려진 나는 아이들
손목만한 견지낚싯대 끝으로 발돌과 함께 매다는
갈고리바늘 그 금속성 빛에도 눈이 시렸다
이젠 제법 익숙하기까지 한 소경낚시질
고만고만한 자리매김에서 상처 입은 사람들이
이웃 섬으로 떠 있는 이곳에서 시리지 않는 건 별
뿐이었다 그나마 남아 있던 새벽별의 투명함마저
한기의 결정들이 골마다 찬 안개로 패이는 겨울산으로
밀려나면 견뎌 산다는 것은 물 위에서나 물 밑에서나
한결 같을 터
입질할 그 무엇이 있는 것도 아니면서 가끔씩 버릇처럼
헛채기를 하다 문득 눈을 들어 어둠을 고르면 사방으로

점점이 뿌려 앉은 불빛들이 모진 세상사 맨몸으로만
칼바람을 이기고 있을 따름 어느덧 비늘처럼 얇아진
새벽빛을 꿰뚫고 결 고운 날개짓으로 울며 가는 겨울새
얼어붙은 궁창에서 너 또한 섬이 되어 가고 있구나

떠난 집

 떠난 집 그 집의 연대기를 쓰려 한다 떠난 집 그 집은 1963년 소읍에서는 관공서 다음 세 번째로 벽돌로 지어졌으며 1975년 개축되었다 그리고 1987년 도시개발 계획으로 헐리워지고 지금은 일반 도로화 되었다 한다 떠난 집 그 집과 함께 그곳에서의 나의 삶도 헐리워졌다 나는 떠난 집 그 집을 가끔 이리 불렀던 적도 있다 마당의 끝이 바다였던 집 내게 있어 떠난 집 그 집은 있되 없는 집이며 없되 있는 집이다 떠난 집 그 집을 추억하려 한다 떠난 집 그 집에 나는 태를 묻었으므로 떠난 집 그 집에 들어 가려 한다 떠난 집 그 집이 나를 용서해 주기만 한다면

땅 속의 방

통로 입구에서 사내는 잠시 숨을 고른다 가파른 철제
계단은 오르기에도 숨이 찼지만 내려 갈 땐 허리를
뒤로 젖혀야만 했다 꿉꿉한 벽냄새가 번번이 낯선 취기
처럼 사내를 어지럽혔고 그건 장판 밑이거나 신발장
속에서도 마찬가지였다 충혈된 것은 눈빛만이 아니어서
사내는 이내 마른 기침으로 불편한 심사를 떨구고 짚고
선 난간에 가느다랗게 힘을 준다 일순 창백한 정맥이
곱게 드러난다 한 치의 틈도 없이 저를 가둔 방
아내는 어둠 속에서 종일 누워만 있었으리라 한 쪽
발을 아래로 내려놓다 말고 사내는 그것이 제 발짝
소리임에도 흠칫 놀라워한다 불을 켜얄 텐데 낮은
목소리에 균열이 인다 균열 마디마디 푸르고 혹 붉은
곰팡내가 섞여 있다 개수대에서 풍기는 악취와 한 번도
햇볕 나들이를 못한 가구와 책상 밑에 숨어 있을 아내의
부윰한 눈빛과도 같이 스멀거리며 기어다닐 벌레들의
안식처로 사내는 세계의 중심부로 내려가듯 텅 텅 땅
속을 울린다 기어이 그 곳에 다다르고 말겠다는

대체로 사는 건 싫다

대학 중퇴의 학력은 고졸이라는 출판사 사장과의
면접에서 가벼운 실랑이를 벌인 뒤 방송국 스크립터로
일하는 대학 동창을 만나 늦도록 술추렴을 하다 귀가한
다음날 나는 책상 위에 커다랗게 대체로 사는 건 싫다
라고 써붙여 두었었다. 며칠 후 퇴근길에 소주 두 병을
사들고 들른 녀석은 대강 대강 사는 것이 싫은 것이냐
사는 것이 대체로 싫은 것이냐며 농짓거리처럼 슬몃
물었다 뜬금없는 그 말에 별 수 없이 객적게 웃어넘기긴
했어도 자리가 파한 후 혼자 막잔을 비우기까지 나는 퍽
막막했었다. 어쩌면 나는 그리 살고 싶었는지도 몰랐다.
정규 대학을 졸업하고 웬만한 직장에 자리를 잡아 다달이
월급에서 주택부금과 자동차 할부금을 곶감 꿰듯 부으며
괜찮은 여자와 결혼을 해 밤톨만한 아이들을 내리두고
몇 번의 이사 끝에 허름한 서민 아파트라도 장만하는
그랬다면 대체로 사는 것이 싫다라는 생각은 소시민의
지나가는 푸념 쯤으로 여겼을 테고 그 무슨 경구처럼
책상 위에 저리 붙여두지도 않았으리라. 그러나 그럼에도
불구하고 대강 대강 사는 것이 싫은 것과 사는 것이

대체로 싫은 것의 차이는 확연한 것이다. 만약 그렇지 않다면 어느 누가 한 뉘를 통해 무엇인가를 이루려 할 것이며 거기에다 목숨까지 바칠 것인가.
누구에게랄 것도 없을 혼잣말에 불쾌해진 얼굴로 나는 비루 먹은 말처럼 느릿느릿 앉은뱅이책상으로 기어가 구겨진 파지를 호기 있게 쓸어버리며 기어이 끝장을 보고야 말겠다는 듯이 중고 타자기의 전원을 올린다.

지하철 묘지

서울에 오신 지 십 년이 넘도록 어머니는
지하철을 타시지 않았다. 어쩌다 길이
늦어 내가 권할라치면 무슨 큰일인 것처럼
두 손을 내저으며 마다하시곤 했다.
처음엔 의아해서 왜냐고 여쭈어도 통
이렇다 할 말씀조차 없으셨다.
그러다 얼마 전
무너진 건물 더미에서 구출되는 사람들을
텔레비전으로 지켜 보던 어머니는 짐짓
저런 땅속에서 어찌 무서워 살았냐며
혼잣말을 하시며 혀를 내두르셨다.
잠자코 옆에서 밥상을 받고 앉았던 나는
어머니의 지하철 기피증을 알 것도 같아
슬그머니 속요량으로 헤아려 보았었다.
아버지의 병사 이후 구체화된 죽음 앞에서
어두움이 주는 깊이는 곧 현실과의
괴리감이었을 것이고 그 단절된 시간들은
죽음의 그것과 별반 다르지 않았으리라.

흡사 지하철 차창 밖의 완벽한 어둠과도 같은
사후의 세계를 어머니는 홀로 두려워하고
계셨던 것이다. 생각이 예까지 미치자
마치 어머니가 세상 저 편에 앉아 계신 것 같아
애처롭고 낯선 모습에 견딜 수가 없었다.
마지막 수저질을 젯밥을 먹듯 힘겹게 하곤
나는 어릴 적에 하던 버릇대로 무릎 걸음으로
어머니의 등뒤로 가 등짝에 코를 묻고 한쪽
손을 뻗어 어머니의 가슴을 그립도록 어루만졌다.

허망한 뿌리는 숨죽이고

커피잔을 들고 화장실로 간다
화장실에 앉아 커피를 마신다 지금
나를 관통해내려는 힘은 무엇인가
무럭무럭 상상의 굴뚝 속으로 아린
담배 연기가 쏟아진다 압력밥솥같이
끓는 내장의 중얼거림은 마음 밭에
뿌려지는 실한 거름 쯤이라도 되는
것일까 그럼 나는 거기에다 무슨
씨를 심었나 허망한 뿌리는 숨죽이고
있을 때가 더 많은 법 그리하여
휴지 옆에 걸어 둔 메모지마다에
촘촘히 적힌 기록들은 허망한 날들의
묘비명 같은 것이었으니 물과 함께
버려지는 내용물이라 해도 스스로의
몫은 이미 다한 터 커피잔을 씻고
손을 헹구며 말끔히 비워진 거울을
본다 단순한 배후를 가진 나와
거울의 이루어질 수 없는 사랑의 간극

소리없이 숨을 죽이며 이 순간 내가
관통해내려는 이것은 또 무엇인가

실업편

　잃어버린 업을 생각하며 자유인이 되었다고 문을 잠근 지 사흘째
　오늘은 조카의 학예회가 있다고
　제일로 바쁜 누이를 대신하여 도시락을 싸들고
　나는 학교로 간다.
　조약돌 한줌으로 반짝이는 아이들
　어두운 무대에 불이 밝아오면서 한 무리 거위들이 백조 마냥 춤을 추고
　일학년 육반 곱슬머리 사이로 새치가 번득이는 여선생의 지휘봉 아래
　갖가지 악기를 챙긴 아이들은 반원을 그리며 앉고 서고
　맨 구석 멜로디온을 입에 문 조카를 향해
　나는 총채처럼 손을 흔들었지만
　터지는 플래시 불빛에 조카의 불안한 눈은 끝내 웃음을 담지 않았다.

　새나라의 어린이는 일찍 일어납니다. 잠꾸러기 없는 나라 우리나라 좋은 나라

<

　정오가 끝날 무렵 가위 눌린 꿈에서 늘 깨던 나는
　슬그머니 자리를 털고 부끄럽게 객석을 빠져 나오고
　한두 줄 담배연기로 못다 부른 노래의 후렴을 그리지만
　쌀과자 한 봉지를 상으로 받은 조카를 데리고
　집으로 돌아오는 하학길 풀쩍풀쩍 웃음을 띠우는
　조카의 가녀린 손목을 잡고 나는 눈물샘은 손바닥에도 있음을
　조심스럽게 깨달았다.
　꼭 쥔 조카의 실팍한 체온이 덥혀주는 눈물을 그래도 부끄러워
　손을 놓으며 아까 본 여선생이 딱딱한 지휘봉으로
　다시 한번 내 어깨를 다그쳐 올 때
　아아 잃어버린 나의 업이여
　건너편 청소부 아저씨가 끄는 짐마차
　자신의 몸보다 몇 곱절 더 무거운
　그 마차의 무게로 나의 업은
　보이지 않는 곳에서 날마다 조금씩

누적되어 가고 있었다.

하회마을에서

이곳에서 내가 보고 들은 것은 바람소리뿐입니다.
문설주 너머로 찰랑거리는 강물조차 쓰다만 봉함엽서 한 장으로 바람을 타고 목젖을
파랗게 밝히는 들고양이 울음도 바람이었습니다.
헐겁게 쌓아 올린 기와나 초가지붕
아래로 설핏 든 선잠이 밀주로 익어 꿈을 부르고 그 밤
미명의 방죽을 넘어 자디잔 조약돌로 구르거나
살얼음 강물을 맨발로 건너는 바람의 얼굴이 굵은 모래알로 반짝이는 것을
나는 보았습니다.
그리움이 아닌 길이 어디있겠습니까
달포 쯤
지나면 서툰 주정에도 물이 오르고
듬성듬성
빠지는 머리카락 한 올마다 근심 낀 나날들이
머리맡 풀어 헤친 옷가지로 널부러져 바람을 타는 이곳에서
내가 두고 떠나지 못하는 것은

발걸음을 옮길적마다 무릎을 채질하는 바람소리
마지막 사람까지 혼자 돌려 보내는 바람소리뿐입니다.

4월의 단풍나무

그대들은 살면서
서로를 비교하지 않는다
낯선 이름 낯선 얼굴 사이사이에서
지붕도 없이 껴입을 웃옷도 없이
어머니 뿌리들 비에 젖으시고
너와 나 젖은 관절에서
튼튼한 팔 돋아난다
두 팔 속에서 사이좋게
일련의 생각들이 쑥쑥 자라서
푸른 잎이 되고 푸른 입은 나이들어
그대들의 이름이 된다.
내 이름이 무겁다고 생각될 때
저도 몰래 이웃 나무에게 기대면
기댄 자리에 쓸쓸히 흠집이 생기고
아무런 잎새도 피어나지 않는다.
홍여새 날아와 둥지를 틀지만
4월의 단풍나무 그대는
그대의 키 큰 가을을 위하여

작은 잎새마다 촘촘히
붉은 눈물 밤새워 물들일 뿐
아기손 잎새들을 무수히 달고서
꼿꼿하게 서 있을 뿐
슬픔을 슬픔이라 말하지 않는다.

살아야 한다는 근사한 이유

종일,
살아야 한다는 근사한 이유를 생각해 봤습니다.
근데 손뼉을 칠만한 이유는 좀체
떠오르지 않았어요.

소포를 부치고,
빈 마음 한 줄 같이 동봉하고
돌아서 뜻모르게 뚝,
떨구어지던 누운물.

저녁 무렵,
지는 해를 붙잡고 가슴 허허다가 끊어버린 손목.
여러 갈래 짓이겨져 쏟던 피 한 줄.
손수건으로 꼭, 꼭 묶어 흐르는 피를 접어 매고
그렇게도 막막히도 바라보던 세상.
그
세상이 너무도 아름다워 나는 울었습니다.

<
흐르는 피 꽉 움켜쥐며 그대 생각을 했습니다.
홀로라도 넉넉히 아름다운 그대,

지금도 손목의 통증이 채 가시질 않고
한밤의 남도는 또 눈물겨웁고
살고 싶습니다. 나는.
누구보다 열심히 살아 있고 싶습니다.

뒷모습 가득 푸른 그리움 출렁이는 그대 모습이 지금
참으로 넉넉히도 그립습니다.

내게선 늘, 저만치 물러서 저 혼자 살아가는 세상이여,
풀빛 푸른 노래 한 줄 목청에 묻고
나는 그대 생각 하나로 눈물겨웁습니다.

숨찬 기억으로 되돌아오는 것은

환절기는 항상 그러하지만 너무 허전하다.
차지도 않고 덥지도 않음이 무척이나 사람의 마음을 어지럽게 한다.
어디로 떠나리라는 내심의 일정도 없이 그저 가방을 챙겨들기도 하고
할 일도 없이 그냥 거리를 걷다 어느 이름없는 찻집에서 창을 스미는 한줄의
빛이 서서히 사라져 버릴 때까지 그렇게 앉아 있다 홀로 돌아서 오곤 한다.

그럴 적마다,
둘 데 없는 시선은 어느 머언 하늘 속 구름을 쫓아 어디론가 달려가곤
하지만 숨찬 기억으로 되돌아오는 것은
지금, 어디에서도 비어있는 나의 자리일 뿐

네가 떠나고

네가 떠나고, 네가 없어지고, 네가 사라지고
난 뒤부터
나는 내 몸밖에 있는 세상을 죽여버렸다.
죽음이 그리고 살해가 두렵지는 않았다. 죽지 않기 위해
죽이기 위해 버둥거리고 뒤치락거렸던 감촉이 남아 있
는 내 몸이 무서웠다.

눈으로 볼 수 있는 것이 이 세상에 없었고
귀로 들을 수 있는 것 이 세상에 없었다.
그러나 늘 보고 있었고 늘 듣고 있었다. 그것은
지금껏 한번도 녹지 않았던 깊은 계곡의 흰 눈처럼
나의 가장 깊은 함정과도 같은 숨겨진 곳에서
어떤 다른 사람에게도 들키지 않고 나에게만 왔다.

끝을 알 수 없는 꼬불꼬불한 골목의 미로에서
나지막하게 끊어질 듯 끊어질 듯 들리는 노는 아이들 소리처럼
내 귀는 물 속 같은 나의 몸을 지나 바닥에서

소리를 찾는다, 소리를 기록한다.

미치광이의 시선이 날아가는 곳
이미 이 세상엔 없듯이, 자기의 속만 들여다보는,
오로지 번들거리고 미끈거리는 자신의 내장만을
들여다보는, 그의 눈처럼 내 눈은
나의 내장들의 꿈틀거림을 골똘하게 쳐다보았다.

네가 떠나고, 네가 없어지고, 네가 흔적도 없이 사라지고
난 뒤부터 나는 안다.
나는 내 몸 밖에서는 다시는 너를 찾지도 않았고
기다리지도 않았다.

내 눈이나 내 귀 내 손가락이나 내 발가락들이
너를 거머쥘 수 있으리라 믿지 않았다.
다만 지금까지 한번도 없었던 것, 알 수 없는 것이
내 몸의 어떤 부분에서 탄생하고
환생하고 있다는 것을

나는 안다.

네가 가고 나서부터 비가 내렸다

네가 가고 나서부터 비가 내렸다.
내리는 비는 점점 장대비로 변해가고 그 빗속을 뚫고 달리는
버스 차창에 앉아 심란한 표정을 하고 있을 너를 떠올리면서
조금씩 마음이 짓무르는 듯했다.
사람에게는,
때로 어떠한 말로도 위안이 되지 못하는 시간들이 있다.
넋을 두고 앉아 하염없이 창밖을 내다본다거나
졸린 듯 눈을 감고 누웠어도 더욱 또렷해지는 의식의 어느 한 부분처럼

네가 가고 나서부터
비가 내렸다.
너를
보내는 길목마다.

계단의 끝은 벼랑이었다

전화는 언제나 불통이었다. 사람들은
늘 나를 배경으로 지나가고 어두워진
하늘에는 대형 네온이 달처럼
황망했었다. 비상구마다 환하게 잠궈진
고립이 눈이 부셨고 나의 탈출은 그때마다 목발을 짚고 서 있었다.
살아있는 날들이 징그러웠다. 어디서나
계단의 끝은 벼랑이었고 목발을 쥔 나의 손은 수전증을 앓았다.

마음 속의 나무

나에게도 나의 나무가 있었으면

살아있다는 사실이 까닭없이 슬퍼지는 날이 있다.
늦게까지 책을 보거나 음악을 듣다
문득 여기 이러고 앉아 있는 건
이미 내 몸을 떠난 나의 영혼이 아닐까 하는
어처구니없는 생각으로 모두가 잠든 집안을 괜히 돌아다니며
식구들이 잠든 모습을 물끄러미 쳐다보거나 살며시
손을 잡아볼 때도 있다.
또는 한참을 거울 속의 나와 눈싸움을 해대다가
그래도 우울함이 지워지지 않을 때는 집을 나와
어두운 골목길을 서성대기도 한다.
그러다 행여 지나는 사람이 골목 끝쪽에서 모습을
 드러내면 나는 가로등 아래로 걸어가 그 사람이 되도록 나를 잘 볼 수 있는
자리에 서서 흥얼흥얼 콧노래를 부르며 그 사람이 옆을 지날 때

슬쩍 어깨를 부딪쳐 미안하다는 말을 해대며 그 사람이 강도나
인신매매범이 아니라는 사실에 대한 안심을 하며 지나는 뒷모습을 보면서
혼자 히죽히죽 웃음을 흘릴 때도 있다.
아, 내가 살아 있었구나, 하는 안도감과 불현듯
그제서야 혼자 깨어 있다는 뜻모를 우울함에 젖어서 말이다.
모두가 잠든 밤에 홀로 깨어 있다는 것은 쉬운 일이 아니다. 그것은
내 자신의 치장하지 않은 내면세계와 정면으로 마주앉아
있기 때문이다. 아무런 단서도 붙이지 않고 아무런 치장도 하지 않은 마음.
살아오면서 마음밭에 어떤 씨를 뿌리고 어떤 열매를 맺어 왔을까.
아니면 시원한 그늘을 드리우는 나무가 되어 그들의 곤한 몸을 편히 쉬게 했을까.
모두가 잠든 사이, 홀로 깨어 있는 사람은 넓고 지순한

영혼을 가진 사람이다.
 그는 그 맑고 지순한 영혼의 물소리로 잠들어 있는 사람들의 영혼을 깨우고
 노래를 한다.
 삶이 답답하고 우리가 처해 있는 현실 어두울수록 그의 노래는 더욱 깊이를 더한다.
 깊은 밤 홀로 일어나 창문을 열고 하늘의 별빛을 바라보라.
 그리고 어딘가에서 끊임없이 들려오는 노랫소리에 귀를 귀울여보라.
 그러면 잠들어 있던 그대의 영혼이 눈을 뜨고 그 노래를 향해 길을 떠나리.
 그 노랫소리를 따라 한참을 가다보면 우리는 그 노래의 주인공을 만날 수 있다.
 흐린 공장의 불빛 속에서나 새벽거리를 비질하는 청소부 아저씨의 굽은 등에서나
 혹은 병실의 어두운 통로에서나
 밤세워 진실을 갈구하는 젊은이들의 굳세게 안은 어깨

에서도 그

노랫소리는 청명하게 울려 나온다.

그들과 같이 손을 맞잡고 그들과 같이 노래를 부르면 어느새 그대의

영혼은 한 줄 선명한 등 뒤로 타올라 어둠을 밝히는 빛이 되리라.

그러한 빛들이 많으면 많을수록 우리의 삶은 척박하지 않고

더 이상 어둠속에서 헤매지만은 않으리.

아, 오늘밤 누가 또 저리도 아름다운 목소리로 노래를 불러

잠들어 있는 내 영혼의 눈동자에 고운 등불을 켜려 하는가.

돌담에서 바라본 서울의 야경

며칠을 가슴에 몇 개의 돌을 얹은 듯이 답답하기만 했다.
하는 일마다 꼬투리가 잡히고 전화나 사람들마저도 나를 짜증나게 할 뿐.
어느 것 하나 제대로 마음에 드는 일이라곤 없었다.

실핏줄처럼 섬세하게 번져간 형광불빛들과 그때까지 늦은 도시를 달려와
강을 건너는 차들의 헤드라이트 흐린 촉수를 드리우는 몇 안 되는
서울의 별빛 아래로 형형색색으로 빛나는 네온 사인들,
나는 여지껏 그렇게 아름다운 서울의 야경을 본 적이 없었다.
더군다나 자정을 넘긴 밤에 산에 앉아 마음이 따뜻한 사람들과
어둠을 속여 몇 잔의 밀주를 나눠 마시며 큰 소리로 노래를 부를 수 있고
조금씩 자신의 내면을 부끄럽지 않게 내비칠 수도
있다는 사실이 너무도 내 마음을 뿌듯하게 했다.

밤의 숲은 설핏 부는 바람에도 무수한 어둠의 정령들을
쏟아내고
 그 정령들은 우리들의 노랫소리에 홀리듯 다가와 때로
춤을 추기도 했다.
 어둠이 주는 안온함과 숲의 평화로움 속에서 낮동안의
번잡함과
 분주한 일상들은 과거형되어 마침표를 찍고 갔었다.

물레방아가 쉼없이 저를 공굴리는 지하실에서

가지 않아서, 아니, 가질 못해서 먼 길이 있다면
지금의 내가 온 이 자리.
바로 이런 걸음으로 찾아온 이 길이 그런 길이리라.
두려웠음으로 아름다웠던 길.
바라보는 것만으로도 눈부시게 아득한 길.
가고 싶어도 쉬이 갈 수 없는 안타까움에
언제나 경외와 불안함으로 주저하기만 했던…

지금 나는 물레방아가 쉼없이 저를 공굴리는
지하실에 앉아 이 글을 쓰고 있다.
네 전화를 끊고 그리움이란 이름으로 누군가를 호출했을 때,
그 호출부호는
'이제……그만'이라고 마침표를
찍고 있었다.
일순, 사막이 되던 가슴.
그리하여 나, 이 자리 이곳까지
한달음에 낙타가 되어 걸어왔다.

아직도 사위는 뜨거운 열기로 가득하고
만나야 할 사랑은 저만치 보이는 신기루처럼
홀로 아름다워서 눈물난다.
자꾸만 어긋나는 듯해서 자주 무릎을 포개게 만드는 길,
그렇다.
그래서 나는 그리 겨워했는지도 모른다.
어쩌면…이 길이 나의 길이 아닐지도 모른다는
선연하고도 어둡기만 했던 이 길.

장미꽃 밟지 않으려

네게,
전화를 하고 돌아오는 길은 멀었다.
찬 손 동전 몇 닢을 꼭 쥐고
네 그리운 목소리를 호출하며 나는 마음으로
옅은 강江줄기가 흐르는 듯 하여
잠시 하늘을 올려다 보기도 했다.
가까이…아주 가까이에 있어도
마냥 그립기만 한 네가 다시 그리워,
나는 짐짓 껄렁한 척 휘파람을 불며 걷기도
했다만 어느……사이
그 휘파람의 음색은 네가 좋아하는 노래를
닮았더라.
골목길 어지러이 떨어진 장미꽃잎들,
그 고운 이파리를 밟지 않으려
조심스레 걸으며 어쩌면, 그래 어쩌면
누군가를 사랑하는 맘은 이런 게 아닐까 하는
혼자만의 생각에 턱없이 웃고 말았지.
어둠을 배경으로 서 있던 십자가,

십자가 나를 허공중에 매달고 나는
그 빛처럼 붉은 신열을 토하는 사랑을 하리라
맹세같은 가슴다짐도 하고는 했었다.

[자물쇠 같은 공중전화로 당신의 음성을 훔쳐보던 저녁
　나는 길가 가로등 밑에 점점이 뿌려진 붉은 장미꽃잎을
밟지 않으려
　한쪽발로 이리 저리 깨금발로 뛰었습니다.
　그것이 사랑이라고…
　그렇게 하는 마음이 내 사랑을 지켜줄 영원의 징표라도
되는 것처럼…]

취하지 않고서는,
아니 취하지 않으면 잠들 수 없는 사람처럼
나는 이리 앉아 한잔의 맑은 술을 마신다.
돌이켜 헤아리기에도 너무 벅찬 나날들,
그 나날들 속에서 정신없이 나를 이끌고
다니던 미친 말과도 같았던 하나의 이유,

그건 바로 너와 함께 살 수 없다는 비애였다.
헤아려 보자면 너 역시 나와 같은 아픔에
마음이 빈들 같았으리라만
사람의 이기심이란 또 얼마나 자기중심적이며
배타적인 감정의 극치란 말인지….
이제 와서,
무엇을 아니 그 어떤 상황을 원망하겠냐만
단 하나! 네게 해 줄 말은 있다.

'너로 인해 내가 견뎌!'
네가 있어서 나도 있는거야!
다른 하늘이라도 우린 살아 있으니까…!

네 편에서 나를 바라보고 싶어.

이십대의 끝

숲은 바람을 불러들인다.
제 몸을 흔들며 흥분에 살을 떠는 나무들을 보아라
화냥기의 잎새들 신음을 토하는 꽃들
음울한 하늘을 배경으로 산란의 열매들을 가지 끝으로 흘리며
숲은 대지에 내린 뿌리를 휘감으며 요동친다.
한 年代가 가고, 그러나
아직도 일궈지지 않는 들이여 산이여
이십대의 끝 바람이었던 한 시절이 바람인 채로 바람소리를
지르며 주저앉는다.

침몰

온갖 열락의 꽃들이 새겨진 나의
침대 위에서 나는 한번도 열락의
잠을 자지 못한다. 없는 것
이다 그 침대에 누워 천장을 우러르면서도
한시도 비껴가게 해달라고 매달렸던 악몽에서
잠속의 잠 꿈속의 꿈
나는 그곳으로 하염없이 침몰해가는 것이다.

정독 도서관

한낮에 이곳을 찾아오는 나이 든
사람들을 보면 괜시리 맘이 언짢다.
허름한 잠바나 바랜 양복
바지를 걸친, 하나같이 지치고
왜소한 체격인 그들은 꼭 하나같이
작고 까만 가죽 가방을 어깨에
메고 있다. 어딘지 모르게
등이 굽은 듯한 그러면서도 늘
고개를 땅으로 수그린

늙은 은행나무의 노래

이제 그만 죽고 싶다. 나날이
황폐해지는 척박한 대기
속에서 조금씩 살을 파고드는
산성비에도 내 몸은 추레하게
병들고 있다. 처음의 여린
순이었다가 제법 많은 새들을
키워내기도 하던 젊은 날,
몇 가마니 튼실한 은행알을 일궈 내기도
하면서 부신 그늘을 바람으로
일렁이게도 했었다.
저리 많은 잎사귀들이 저마다
빛살 사이로 유영하는 날에는
토실한 아이들이
내 어깨며 잔등이며 기어 올라와
온통 푸른 웃음투성이가 되기도 했다.
천년은 너무 길다.
내 마른 껍질에 균열이 일고
사람들이 그 새로 덕지덕지

시멘트를 채워 넣고, 늘어진
팔뚝에 쇠기둥을 박아 의수를 채울 적에도
이렇게까지 살아야 한다고는
생각지 않았다. 땅속으로
흐르는 지맥을 짚어보면
샘은 썩은 하수 냄새를 풍기며
내 발끝을 조금씩 병들게 하고
바람은 더는 향기롭지가 않다.
이제 그만 나를 버려 달라.
시멘트와 쇠기둥을 내 몸에서
떼어달라 그리하여 고요한
고유의 죽음을 맞게 해달라.
나는 자연으로 풍화하고 싶다.

느낌

이렇게 바람이 심한 날이면 느낄 수 있어
사랑은 저리도 절절이 몸을 흔드는 나무와 같다는 걸
그 나무 작은 둥지에 새끼를 품고 있는 어미새와 같다는 걸
그런 풍경을 안타깝게 바라보는 우리 두 마음이라는 걸.

시집, 그 속의 사막

오래 전에 덮어 둔 사랑시집을 꺼내 읽으려다
바래진 표지만큼이나 켜켜이 쌓인 먼지를 보았습니다.
시집 안에 버려져 있던 사랑의 낱말들이 막무가내로
내 가슴을 난도질하고 느낌표나 물음표가 사랑 안에는
없음을 알았습니다.
사랑 안에 놓여진 징검다리를 보았습니다. 한 발을 잘못 디디면
온몸이 물에 젖는다는 사실을 그제서야 알았습니다.
한 번 물에 젖은 몸은 쉬이 마르지를 않고 오랜 시일 사막을
헤매 다닌다는 것을 알았습니다.
사랑 아닌 것들은 이 세상에 없는 것이어서
모두가 한두 번 쯤은 그 물에 빠지고
사막을 헤매 다녔다는 것도 알았습니다.
시집을 덮고 눈을 드는 순간 거기 절망처럼 펼쳐져 있는
한 장의 신기루를 나는 보았습니다.

고독

고독은 내적 밝음의 고독과 외적 어두움의 고독이 있다.
내적 밝음의 고독은 자기 성숙을 의미하지만
외적 어두움의 고독은 자기 상실을 의미한다.
선택은 자신만이 할 수 있다.

선인장

어쩌하여 선인장은 저의 몸을 온통 가시로 뒤덮을 생각을 했을까요.

봄 한 철 분무기로 선인장 머리 위로 무지개를 만들다가 가시 끝으로 묻어나는

목마름을 갈구하는 선인장의 날카로운 기도 소리를 들었습니다.

선인장이 애처로워 한 며칠 물을 뿌리지 않았습니다.

다시
또

한 봄이 다아 가도록 사람에게선 소식이 없고 사람이 있는 하늘 쪽을 향해

분무기를 뿌리며 무지개를 세우는 장난에도 심드렁해져 사나흘 황사 끝으로

가물가물 헤매다 돌아온 병상에서 온몸 자욱히 가시가 돋는 통증에 가까스로

올려다 본 선인장 푸른 줄기에는 어느 사이 손톱만한 꽃

봉우리 몇 개가
 발그스름하게 피어나고 있었습니다.

담배꽁초

그는 하루종일 흡연실에 앉아서 꽁초를 구걸한다.
보이지 않는 손
까맣게 타들어 간 입술 주위로
니코틴의 자국은 립스틱만큼이나 선명하다.
한두 모금 남겨진 꽁초의 끝으로 입술을 태우며
그의 얼굴은 포만감으로 가득하다.
때로 소름젖는 사람들의 매몰참
속에서도 그는 다시 제자리로 가서 앉아 몸을
앞뒤로 뒤척인다. 조금만 조금만이라도
남겨진 꽁초가 입술을 태우기를
때로 소리를 지르며 속절없이
꽁초를 재떨이에 비벼끄는 이들을
보면서도 그의 표정은 변하지 않는다.
흔들리지 않으면 존재하지 않는 삶
정작 부재하는 것은 담배꽁초가 아니라 그의 몸짓이다.
고개를 숙인 채 끝없이 흔들리기만 하는 삶속
흡연실 구석에 걸인처럼 쭈그리고 앉아
오늘도 그는 입술을 태우고 있다.

나무가 일어난다

나무가 일어난다. 뿌리를 곧추세우고 나무가 일어선다.
나무가 소리를 지르는 여기는 어디쯤일까.
허리께에 느껴지는 뻐근함은 뒷골을 후벼파는 고통쯤에 비한다면
약간의 미열일 뿐일 터이지
잠을 잤다고 했다. 의식불명의 상태였다고 했다.
과일 뚜껑처럼 잘린 윗머리를 붙잡고 오랜 날 여럿 울었다고 했다.
열흘이 넘도록 손가락 하나 까딱하지 않았을 때
맨 먼저 눈물이 마른 아내는 산소호흡기를 빼달라고
의사의 가운을 부여잡고 화를 냈다고 한다.
부모와 형제들이 그런 아내를 말렸을 때 아내는
냉동실에서 얼음을 꺼내 씹으며 우그적 우그적 혓바닥으로
울음소리를 냈다고 했다.
일어선다 나무. 내 가여운 나무. 핏발선 눈자위 주위를 둘러보라.
토실한 알밤을 주렁주렁 매단 밤나무처럼였다는 나무

순환선

역으로 가는 길은 일방통행이었다.
공복 속을 저녁 까치가 날아오르고
저문 목소리는 미세한 꽃가루에도
가느다란 편도선을 섬세하게 피웠다.
꽁지를 뒤쫓기만 하는 순환선 사랑
떠나버린 열차는 황홀하기까지 했다.
공구르는 발목마다 어둠이 덜컹대고
돌아오지 않을 사람은 아무도 없었다.
제자리걸음으로 잠시 머물지라도
유리창마다 칸칸이 채색되는 밤불들
가끔은 한 장 강물이 연처럼 날기도 했지만
기적처럼 울고 가는 늙은 소경의 하모니카 소리에
유리창 속으로 들어가 울어 본 사람은 있을까,
막차를 보내고 귀가하는 혼잣길은
뒷모습만이라도 사랑한 사람이 거적처럼
덮고 자야 할 비애 같은 거나 칼날 같은 것이었다

고릴라

우리 집 뒷산에는 고릴라가 산다.
낮이면 꼼짝도 하지 않고 웅크리고 앉았다가
밤만 되면 한 잎 두 잎 나뭇잎을 따먹는다.
천천히 아주 천천히 고릴라는 제 몸을
움직인다.
유성이 소리없이 지듯
풀벌레가 움직이듯
고릴라는 가만가만
몸을 뒤척인다.
사람들이 봄소풍을 올때부터
단풍구경에 판에 박힌 음악을 황홀한 감탄사를 적을 때까지
고릴라의 몸은 나뭇잎과 함께 서서히 야위어가고
이윽고 겨울이 오면 고릴라는
나뭇가지들 속에 제 몸을 웅크린다.
도토리 나무 사이 솔 숲 사이
웅크리고 앉아 먼 데 있는 고향을 본다.
사람들은 고릴라 발치에 있는 약수를

떠다 먹으면서도 한번도 그 물이
고릴라의 수액인 줄을 모른다.

木에게

다시
앉았다
무엇인가를 끊임없이 찾아 헤매는 아이처럼
세상의 어느 한 자리에서 맴을 돌다가
다시
작은 방에 들어앉았다

창문으로 보이는 편지 봉투만한 하늘
그곳에 푸른 우표를 붙여 세월의 흔적이라고 수신인을 쓰고
나
이렇게 흘러만 왔노라
하고 발신인을 밝히고 싶다
그 무엇에게도 읽혀지지 않을 무상한 나날의 흐름들
하물며 말로 다 하지 못한 상처뿐인 속내는
어찌 채워질 수 있을 것인가
가
닿을 수라도 있을 것인가

<
나
오랜 시절
꿈으로 지은 집에 세 들어 살았노라고
그 집의 세간들에 정 들 무렵
홀연
먼 길을 떠났노라고
아주 후일 뒤돌아보게 될 때
꿈으로 지은 집은
내 눈물과 나날의 한숨들이 창틀마다
먼지처럼 자욱했었고
정든 세간들은 보이지 않는 상처의 징표였다고
나
녹슨 못 자국으로 손바닥에 새기고 있으리

예하리에서

오래 눈내리는 들을 지나 잠들지 못하는
사람들의 마을로 기적이 홀로 울다 슬피
불려가는 밤, 쉰아홉 아버지의 비망록을
챙겨들고 맨드라미 꽃순처럼 붉게
붉게 편도선을 앓았다.
언제나 희망이 유급당하는
그러나 사랑하는 나의 땅에서
수산회사 이십오년 근속상을 받으셨던
아버지의 영전에는 삼십만원 퇴직금이
이땅의 서슬푸른 노동法으로 놓여지고
무엇일까
철둑길 건너 깊은 어둠 속으로 침륜하는 눈물의 평등과
밑둥 잘린 볏단으로 한꺼번에 쓰러지는
우리들의 자유는,
공복의 희미한 어둠으로 지워져
이마에 못질 해대던 세상이 참담하게
밝아오는 새벽. 기름때 자욱히 낀 손톱밑
굳은 살로 박히우던 아버지의 절망들이

예하리 깊은 안개 속으로 서서히
물결쳐 흘러내리고 있었다.

‖ 새로 싣는 유고 시 ‖

구직자 명태 씨의 하루

몇 대 분의 트럭과 봉고에 실려 건장한
사내들이 무작위로 돈이 되어 팔려갈 때까지
아무도 나를 거들떠보는 사람은 없었다

나도 한때는 너처럼 많은 이름을 가졌다
착한 아들, 듬직한 남편, 자랑스러운 아버지
회사에서는 평사원에서 대리라는 직급으로
불리기도 했었다

마석우리에서

1. 첫눈
해마다 누적된 슬픔 사이로 첫눈이 내렸다
초봄에 옮겨 심은 은행나무는
죽어 더 이상 잎이 바래지 않고
가지 사이를 비켜 내리는 눈발은 내 발등에
손등에 갈라진 실핏줄처럼 푸른빛이었다
수많은 사람들 속에 나 또한 익명으로 섞여
첫눈을 다
누구의 어깨에나 묻어 있을 한때 사랑했던
사람의 입술 자국과도 같이
눈은
한순간 선명했으나 이내 지워지고 마는 그것처럼
눈에 잡히는 족족 밟혀지거나 사라지곤 했다

길

오늘…이 아니면… 얘기를 할… 수… 없을… 것 같아서… 조금은 두렵고, 아픈 맘으로
네게 이… 글을 쓴다

육신은 지치고 허망한 마음은 늘 장맛비에 흥건히 젖어 언뜻 내비치던 팔월의 뜨거운
햇살에도 마르지 않았다
잠시 쉬어 갈 수 있는 곳이었다면, 아니 머무르지 않고 끝까지 갈 수 있는 길이었다면
나
아무 것에도 허튼 눈길을 주지 않고 뒤돌아보는 어리석음도 범하지 않았을 텐데
추억 속 사람들은 날마다 요일을 바꾸는 달력처럼 때로 한두 장씩 찢겨 나가기도 하고
더러 수신인 불명의 편지로 되돌아오곤 했다
우두커니 앉아 내리는 빗줄기를 혼자 셈하다가 걸려오는 전화에
순간적으로 귀가 멀기도 했다

아이들의 푸른 함성이 잦아든 학교 운동장엔 플라타너스가 하얗게 바래져 가고
　그건
　내가 일으키는 아찔한 현기증이기도 해서 창틀에 머리를 기대고
　가만가만 숨을 다독여야 했다
　그러나 현기증 끝으로 걸어가는 한 사람
　돌아보지 않으려 애쓴 흔적이 역력히 드러나는 빈 그림자
　한참을 응시하다 기억을 추스르면 그건 거울 속에 비친 파리한 내 얼굴일 뿐

　나 자신이 두려웠다
　두려워 옹크리고 앉아 소리 없이 흐느끼기도 했다
　누군가 적어두고 간 편지를 몰래 읽으며 그를 미워하기도 고마워하기도 했다
　선명하게 인화된 사진첩 속 언어들
　결코 바래지 않을 생생한 목소리로 사랑을 맹세하던

사람
　그러나 그때 보냈어야 했다
　아니
　그때 내가 돌아서야 했다
　이토록 잔인한 시간이 나를 옥죄어들 줄 알았더라면, 허망할 따름인 세월이 저리
　나를 기다릴 줄 미리 알았더라면, 그때의 작별은 아름답기도 했을 것을

　'살아야 한다'를 '살아야겠다'로 수정한다
　편지를 접어 서랍 맨 밑바닥에 숨긴다
　다신 꺼내보지 않을 것 같이…

계단밟기

몇 년 전 계단에서 굴러 다리를 다친 다음부터
나는 계단을 오르내리기가 무서워졌다
오르기에 벅찬 계단은 내려오기란 아주 쉬운 법
이어서 자칫 잘못 디딘 걸음은 추락의 통증과
더불어 치유할 수 없는 흔적을 남긴다
복원되지 못하는 정신의 단면이나
복구되지 못하는 육체의 병중에서도
더러 나날이 아름다워 보이기도 하는 것은
아직도 오르지 못한 계단이 등고선처럼
층층이 쌓여 있음이며 순한 아이의 꼭뒤를
쓰다듬듯이 짚고 선 난간에 힘을 고를 때이다
무릇 공들이지 않음은 부패함이며
그러한 썩어 있음에는 바른 '살이'가 있을 수 없을 터
계단의 정점에 이른다 해도 추락은 예정된 만찬같이
정확하게 때맞춰 이루어지리라
칸칸이 힘주어 오르는 계단은 손가락 마디마디
굵은 못을 박음질하며 돌아보기에도 힘에 겹지만
내가 이루는 노동의 몫으로 그만큼 높아지는

삶의 자리는 오늘도 저리 부신 햇살 아래에 있다.

서울 사막

길이 보이지 않는다. 한 떼의 모래 바람에
실려 사람들은 어디론가 뿌리도 없이
들을
달리는 풍성한 강이 되어 살고 싶었다.

소학교 시절, 아버지의 나라에 왕노릇을 하던 우리 국군 아저씨께 위문편지를 쓰는 국어시간.
바다는 곳곳에 강물 흘러드는 소리 열병같이 번져나고 무궁화꽃이 피고 사쿠라꽃이 피던 교실 창 밖의 술래잡이 놀이가 대바늘침이 되어 손톱 밑 내 살을 위협하며 들어왔다.
미루나무 한그루 풍경이 되는 일몰 무렵.
그제서야 낯 닦고 신발을 벗던 아버지를 흑백 텔레비전에 근시안적 눈을 붙이고 앉았던 우리,
무의식중에 고개를 돌려 인사를 하고 가지런히 발 둘을 한 곳에 모아 들이며 슬금 기어나와 아버지의 자리를 하나 더 마련할 뿐.

참회록

그 해엔 강물이 되고 싶었다. 베어도
베어도 잘려지지 않는 곧고 튼튼한 강심江心을 가진 둑
길을 넘쳐 흘러
푸릇
푸릇 솟아나는 풀내음 곳곳에 뿌리 박혀
들어가 피와 살이 되어 온 몸을 돌고 도는 순환의 호흡
으로
펄떡
이며 일어서오는 왼통 퍼런 함성
뚝
뚝 떨어뜨리면 미명의 새 날 아침 자욱한
안개를 뚫고 천리 만리 줄달음쳐
종일을 찬 방에 귀를 묻고 앉았으면
회색의 벽에 갇힌 겨울새의 울음소리
신기루처럼 틀어져 내려온다.

엽서

종일을
찬 방에 귀를 묻고 앉아
회색의 벽에 갇힌
겨울새의 울음을 듣는다.
메마른 균열 잘려진 동맥처럼
펄떡이는 음부들을 데려다
거울속에 걸어두고
어둠의 분말들이 곱게
써래질 해 내려간 새벽
끝까지 빈 들을 쓸고 가는 바람의
무리와 함께 인습에 갇힌
또 다른 나의 낮은 울음
소리를 듣는다.
시간이 흐를수록 거듭 참회하는
초라한 나의 아침을 목전에 둔 채
오오래전에 죽어간 민들레 같은
친구의 웃음소리를 기억하며
우풍이 거센 부도덕한 나의

자리에 앉아 일어서야 한다고
일어서 나아가야 한다고
다짐하고 있다.
늘.
문 밖에서 서성이는 나의
서슬푸른 자유
그 자유의 몸짓으로 맑게
맑게 닦아 울려 나오는
내 마지막 양심의 한 가운데를 쪼는
지금은 회색의 벽에 갇혀
화석이 되어버린 겨울새의 울음을 듣는다.

[고궁에서] - 참회록 -

나의 참회록엔 무엇을 써야 할지
낡고 오랜 추녀 밑
빛보다 빠르게 숨어들어 비상을
꿈꾸는 굴곡된 의지들이
욕된 진실들로 날마다 힘
차게 자라고
아직도 여물지 못한
잉태의 흔적이 몇세기를 전몰되면서부터 뼈 속 깊숙이
불완전 근육을 키우는데 칼날을
쓱싹이며 한번에 내리쳐
허리가 동강나는 장수의 대검
보다는 젖가슴의 혈맥을 타고
잘려진 동맥 속 살 같이 펄떡이는
파랗게 정조 핀 조선 은장도의
멍울진 날 빛으로 남아 무수히
봉인된 귀와 입을 향해
스스로 둥 둥 울리는 자명고 같이
둥 둥 가슴을 찢어 울리며

4월 같이 붉게 붉게 물들어가는!
결별하는 사람 사이에서
참회록을 생각하며 손 흔드는
나의 참회가 진정 돌아와 누우면
참회록을 생각하는 나의 참회가
아닌 것이듯 나의
참회록엔 무엇을 써야 할 지
성성이 뿌리치며 달려오는 지난
시간들에서 궁극의 하늘로 제시되는
내일의 곧곧 탄탄한 희망을 실천
하기 위해 눈 뜨고도 보지 못하는
여기보다 더 밝은 저 세상으로
숨어드는 내 그림자 헛되이
새겨있는 초 겨울 고궁엔
상록수 몇그루 유난히 푸르다.

병상일지 1

나는 오래 눈사람이 되어 서 있었다.

눈썹이 비뚤지도 않고 코도 비뚤지 않은
그러나 거울을 보여주면 한꺼번에
터질듯한 울음을 안고

둥지를 튼 새

꽃은 피었다 피기 전으로 되돌아가고
강은 흘렀다 흐르기 전으로 거슬러 간다.
둥지를 튼 새는 저 스스로 둥지를 뒤집어 엎고
꺼이꺼이 울음 울며 바닥에 떨어져 깨진 알을 쪼아 먹는다.

등성이 멀리 비닐 하우스 여러 채가 모여 이루는 햇살의 강
줄기마다 황사에 지워진 나무들의 발목이 연해붙어진다.

아버지 나무에 바다가 산다. 1

돌아오는 길은 멀었어요 아버지

험난한 자갈밭에 등을 긁히우면서
오 나의 아버지 나무, 당신의 잔뿌리에
빛나는 알을 뿌리고 아버지 저는 조금씩 떠나려 해요

강물 위로 보이는 아버지의 황금빛 나뭇가지를
베개 삼아 그 위로 나뭇잎처럼 드리우는
황금빛 구름의 수의를 걸치고 저는 천천히
아주 조금씩 깊은 휴면기에 접어들어요
이제 쉬어도 될런지요
오오 나의,
아-버-지-나-무

아버지 나무에 바다가 산다. 2

고깃떼들을 몰고오는 길은 멀었어요 아버지,
물결이 등고선을 이루며 대기로
퍼져나갈 때에도
나가다가 일제히 파랑치며
일어서 오는 것들을 보세요.
그 사이로 스스로 저를 일구는 햇살들은
파랑마다 금박을 넣으며 달려오는 저
햇살은 또 얼마나 눈부신가요.

나의 아버지 나무
나뭇잎같은 물결들이 일제히 파랑쳐오면
저것 보세요 아버지,
어머니의 비린 무명 앞치마 가득
봄숭어떼가 퍼덕이잖아요
바다를 이루잖아요.

나의 아름다운 세탁소

마당의 끝이 바다였던 집
나는 바다로 흘러드는 냇가에 앉아
빨래를 하네
파도처럼 자잘한 비누거품을 피워내며
철썩철썩 방망이질을 하네
더러 무료하면 나는 모래성을 쌓기도 했네
바닷게들을 붙잡아 그 성에 가둬놓고
목청껏 하모니커를 뽑아 섬아이도 불렀네
설레는 가슴만큼이나 가쁜 거품을 게워 내던
게들처럼
음절 사이사이 비음이
사시사철 짠내 나는 소금기가 석화처럼 핀
아버지의 작업복
초승달보다 얇게 횟감을 저미는 어머니의 비린 앞치마
누런 오줌자국보다 몽정의 얼룩이
더 많은 형들의 속옷
그을음 자욱한 부뚜막에 앉아
물수제비 뜨듯 가득 가마솥

여덟 식구 허기를 수제비로 빚어내던 누이가
서울로 간 후 밤이면 물새처럼
함부로 울음이 잦던 나는 날마다
(요의를 제대로 분간하지 못해
이불이 흥건하도록 지도를
그려대곤 했었다)

이 저녁 빈센트 반 고흐와 함께

나는 문둥이 너는 보리밭
나는 유랑시인 너는 거리의 화가
나는 견우 너는 까마귀
나는 세네카 팔 너는 귀
나는 편집자 너는 편집증
나는 주정뱅이 너는 거렁뱅이
나는 황구 너는 백구
나는 도시 너는 섬
나는 버드나무 너는 야자수
나는 칼 너는 잎
나는 패랭이 꽃 너는 해바라기
나는 우울증 너는 미치광이
나는 어머니 너는 동생
나는 오후 다섯시 너는 새벽 두시
나는 거울 너는 자화상
이, 쯤, 에, 서, 환등기가 꺼진다.
서울이여, 안녕

겨울 밤길을 걸으며

그림자 지워진 어둠속을 걸으며
이웃의 다정한 불빛들을
한참이나 바라보았다.
하얗게 성에 낀 유리창을 번지는
닫혀진 이웃의 꿈들이 소리없이 쌓여들고
높은 담벼락 아래로 흔들리며 젖어드는
어느 낯선 사내의 낡은 노랫가락에 맞춰
육중한 커텐을 걷고 간간이 울리던 웃음소리
쓰디쓴 웃음소리 짙은 어둠속으로
숨어들고 있었다.
차고 적적한 바람소리를 따라
어디론가 떠나야 할 내심을 챙겨들고
빈 골목 외등을 가로질러 낮게 쓸리는 물소리 자욱히 눈 뜨는
다리를 건넜다.

가족들은 모두 섬으로 가고
하고픈 말들조차 전부 다아 속에서만

팽이같이 돌고 또 도는데
이웃의 따뜻한 불빛들은 정녕
먼데 있는 가족과 같이 더웁게 살고 있을까
젖지 않고 있을까 깃발과
함성이 돋던 뜨거운 광장의 어지러움이 지나고
눈물과 회한이 어두운 그림자로
무성하던 그날에도 이웃들은 성하게 자리하고 있었을까
먼데 있는 가족과 같이 편하게 살고 있었을까
귓전을 쓸고 가는 싸늘한 눈꽃을 따라
오렌지빛 나트륨 덩이는 산재히
부서져 내리고 자꾸만 뒤틀려지는 발목을
바로잡으며 낮은 휘파람 소리로
채워지지 않는 영원들을 불러보았다.
혼미한 정수리로 아스라히 박혀드는
늦은 서울 거리
어디선가 청색 사이렌 소리 저 혼자 울다가고
돌아보면 아아득한 공허를 걷고 다가서는
먼 도시 아크릴 불빛처럼 떠도는 이름들이여

파랗게 식어버린 입술을 열고 번지는
입김은 겨울이 긴 나라의 추운 나무들을
닮고 서 있는데 한 대의 담배에 성냥을 그으며
나는 어두운 겨울 밤길을 홀로 걸어간다.

되돌아갈 수 없는 자리

숲은, 숲은 이미 가을이어서,
그 속에 오래 앉아 있고팠다.
자그만 풋이며 곤충들의 향음.
그러나,
결국 나 역시 그 숲이 되지 못한
채로 이렇게 번잡한 사람들
속으로 돌아오고 말았다.
그래, 네 집을 나서
터벅이며 걷는 걸음은 섬세한
미열과도 같은 통증을 일으키고
아무런 생각없이 걸어 다다른
그곳엔 생각처럼 무성한 숲,
숲이 그러나 어김없이 나를
돌려세우는 숲이 자욱했었다.

눈물이 난다.
아니 눈물이 났었다.
가다가 그리울 때도 아니고

잠못 이루는 밤 보고픈 것도 아닌데
왜 그다지 나는 네가 그리웠을까.
소리없이 흐느끼는 마음
한 켠으로 위안일 수도 없는
삶에 대한 자책감이 들었다.
되돌아갈 수 없는 자리,
되돌아 더는 부신 꽃이 되지
못하는 그런 이유.
왜 였을까?
동그란 물음표를 물방울처럼
피워내며 어쩌면 나,
그 자리에서 돌이 되고 싶었다.

안경을 쓰지 않으면 언제나 길은,
사람들의 얼굴은 흐릿한 배후가 되어서 좋다.
자세히 들여다보질 않아도
그것들은 흐린 채로 또 섬세한
풍경을 이루곤 하지.

<
"산에는 숲이 있었다.
숲에는 길이 있었다.
길에는 사람들이 있었다.
그러나
사람들은 숲을 이루지 않았다."

이런 생각들에 싸여 나,
그 숲에서 등을 돌렸다.
돌아가고픈 곳이 아무데도 없었지만
어쩔 수 없는 등돌리기,
익숙하지 않은 마음은 그대로인데
왜,
나는 자꾸만 이리 되돌아오는 걸까.
사위는 조금씩 어두워지고
이제 막 도착한 네가 그립다.

두 개의 가로등, 그리고 불빛

멀리 보이는 길엔 두 개의 가로등과
어둠으로 두 개의 불빛이 있다.
나는 여기에서 밤을 맞을 적마다
그 두 불빛을 바라보곤 위안을 얻는다.
쉼없이 도로를 오가는 차들.
가고 옴이 저렇듯 우연하다면
세상의 고통은 반으로 줄리라.

나랑은 상관없을 저 바람과 저 햇살과….

찻집 밖으로 키작은 팬지꽃이 작게 흔들리고 있다.
흰, 보라, 노랑 꽃잎들은 저마다 재재거리듯
귓속말을 하고 있는 듯 싶다.
레몬에이드 한 잔을 주문하고 넓고 큼직한 자리에
앉았자니 버릇인 채로 또 네가 그립구나.

봄볕이 잘 드는 레스토랑에서 맥주 한 병을 반씩
나누던 고등학교 동창 녀석은 박봉임에도 불구하고
점심까지 나누며 웃어주었다.
그 녀석 눈가에 번지는 울음을 알고 있는 나로서는
든든하게 웃으며 돌아가는 녀석의 뒷모습에다 대고
오래, 오오래 손을 흔들어 주기만 할 따름.
아무말 없는 믿음만으로도 가슴이 먹먹해졌다.
이런 내 속[心]을 너는 알리라.

다시 한 친구를 기다리며 여기 앉았다.
15년의 세월.
그 새 그런 날들이 흔적도 없이 지나가 버렸는가.

아니, 흔적은 있지 여기저기 흔적은 생채기로 남아 있지.
늦은 달밤이나 비 오는 어느 저녁 오후
바람 많은 바닷가나 그 밤 엉망인 채로 취해 무너지던.
그런 몇 개쯤의 상처는 지키지 못한 약속처럼
지금도 가슴에 무리지은 돌무더기쯤으로 쌓여 있기도 하지.
네가……또……속절없이 그립다.

저음의, 비장한 저음의 첼로가 흐른다.
환상의 플로네즈가 듣고픈데…….

바람이, 저를 미친 듯 풀어 제끼는 바람이 온 길을 뒤덮는다.
그 사이로 벚꽃은 또 추억으로 마구 쏟아져 내리고
아직도 가야 할 길이 먼 듯하여
나는 자꾸만 무릎이 꺾여져 내린다.
그렇게 여린 봄이다.
함부로 저를 노출시키며 꽃이나 나무가 화냥스러운 봄.

<
자꾸만 뜻없이 한숨이 나는 건 왜일까?
왜 일까?

너와 함께 하고픈 시간들이 자꾸만 소중해지는 이유는
어쩌면 이런 내 맘 탓일 게다.
어디론가 마냥 사라지고픈, 무작정 떠나고픈, 가서
다시는 되돌아오고 싶지 않은 그러한 맘 때문일게다.

하루만인데도 벌써 이 여행은 지치고 힘에 겹다.

기원

언젠가 밥끓는 소릴들으며 나는
중얼거렸다. 이제 그만 저 냄새와
소리에 나 묻혀 살아가기를.
나 또한 저와 같이 끓어오르기를 원했다.
김을 뿜으며 살아가길 갈구했다.

보물섬을 찾지 못한 선장

깊은 밤이었네
사위는 칠흑이었고
멀디 먼 뭍에선 불빛 몇 점
해파리처럼 떠 있었네 선실 바닥
기관실에서 아버지는 짠물로 밥을
짓고 나는 폭풍속으로
연이 되어 날리고 있었네
칸델라 불빛이 흔들렸던가
아버지의 얼굴은 부실한
반찬마냥 적빈했었네
살려달라고 애원하고 싶었네
빈 속은 횟배를 앓고 파도처럼
어디론가 부서져가고 싶었네
아버지는 의연한 선장이었네
필생으로 보물섬을 찾지 못한
빈약한 선장이었네
가슴 한 길
없는 높이로 떨어지며 나는

개미

며칠째 먹을 것이 바닥 난
나의 방에서 개미들은 무에
저리 옮겨갈 것이 많다는 걸까

개미들은 오가며 꼭 한번씩 서로의
몸을 매만지고 지난다.

칼날, 또 하나의 이력

한 남자가 방안에 있다. 제발
하며 눈을 감는다. 기다릴 사람이
없는데도 남자는 현관문을
열어둔 채이다. 비가 쏟아진다.
사랑이었던 적이 그에게도 있었다.
남자는 창문께로 다가선다.
일순 한손에 쥔 작은 칼날이 일어선다.
이런 것은 아니었다. ……
이것 또한 이력은 될 수 없으리
남자는 순간
고개를 든다. 한숨이 잘 익은
과육처럼 달디 달다.

나의 아버지 나무에게로 간다

나는 나의 아버지 나무에게로 간다.
왜 가는 사람들만 있고
오는 사람은 없는 걸까
나의 아버지 나무
당신은 안개옷을 입고 툰드라의 언덕
위에 서 계십니다.
내 연한 팔과 두 다리를 흰뼈 실하게
포박하는 안개
안개의 딱딱한 입자는 금새
당신의 실뿌리까지도 얼려 버립니다.
누이는 아직 돌아오지 않았나요
강가엔 떠나는 자만을 태운 배들로
소란스럽겠지요

나의 아버지 나무

회귀하는 자들의 남루한 행색이
금빛으로 물드는 까닭을

나는 이제사 알겠습니다.
저, 저 행렬

침몰의 나날

나는 달력의 날짜를 꺼집어 내어 보았다.
시간을 가끔 꺼집어 내어 보았고
요일을 꺼집어 내어 보았다.
우는 조카를 전화기속에 집어 넣어두기도 했고
칠순이 넘은 노모를 성경책이 든 가방속에
구겨넣기도 했다.
나날을 밥통속에서 익혀내기도 했다.
술잔 저 밑 바닥에서 해초처럼
흔들리는 그리운 이의 얼굴들을
빈병속에 담아 몇 년을
묵혀내기도 했다.
시간은 저홀로 흘렀다.

개와 나

개에게도 개의 집이 있다는 것을 알았습니다.
어떤 개는 색색의 페인트로 모양을 낸 집에서
살고 있기까지 했습니다.
아침이나 점심 저녁과 간식까지도 먹는
개가 있었습니다.
머리에 앙증맞은 빨간 리본을 달고 주인의 품 속에서
잠든 개를 보았습니다.
한바탕 늘어지게 단잠에 푹 빠져 사랑스러워
죽겠다는 표정으로 바라보는 주인의
두팔에 아이처럼 안겨진 개는
터무니없이 행복해 보이기까지 했습니다.

나에겐 나의 집이 없습니다. 색색의 페인트는
고사하고라도 버젓한 문패를 내걸만한
대문조차 없습니다.
아침이나 점심은 대충 냉수 한 사발로 때우고
저녁에야 겨우 밥다운 밥을 먹습니다.
간식이라는 것이 어디 있습니까

한끼라도 배 채우는 게 그나마 다행이지요.
바람이라도 막아주는 헐거운 방안에
이불을 덮고 누워 탄불이 꺼질까 생각하는
시름의 잠을 잡니다.

사막을 낙타가 건너는 法

끊임없이 걷는다. 복도 이끝에서 저끝까지
무표정한 얼굴로 머리를 긁적이기도 하고
일정한 보폭으로 사람들 사이를 피해 다니기도 한다.
눈가에 내려선 안경을 한 손으로 치켜 올린다.

어린 왕자의 발목을 살짝 스치고 지나간 금빛 뱀은 어디 있는 것일까
  허물어질 듯한 담장에 걸터앉아 어머니의
  한숨과 아버지의 눈물을 생각했었다.
  이 몸으로는 도저히 돌아갈 수가 없어,
  섬세하게 찢어지는 선인장 가시에 찔려 가족들의 실핏줄 부분이 엉긴
  영사처럼 펼쳐지는 사람들은 어디론가 뿌리도 없이 내리고
  눈내리는 시베리아 벌판
  나는 가장 추운 사막길을 걷고 있었다.

빨간망토

빨간망토가 들어온다.
기형도는 어디에 있는 섬인가요
망연자실한 나를 버리고 빨간
망토는 유유히 망토 자락을 날리며 사라진다.

기형도는 어디에 쓰는 칼인가요
기형도는 무엇에 쓰는 지도인가요

그렇다
이 지상에 없는 너는
찾을 수 없는 섬이었고
써힐 수 없는 칼이었고
나침반을 들고서도 찾을 수 없는 지도였다.
마치 어린 왕자에 나오는 장미꽃처럼
호랑이 발톱같은 가시 네 개를 보여 주며
질투는 나의 힘이라고 말했을 뿐.

바람찬 날에 꽃이여 꽃이여

언덕길을 오르는 길은 추웠다 이미 탈색하던 잎새들
갈기도 헤아리기 힘들만큼 저를 뒤흔들던 바람들
깃발처럼 흔들리는 옷자락을 다잡으며 한 발
한 발 내딛는 계단은 하늘로 향하는 통로만 같았다
아침이었지
눈사람 같은 얼굴을 한 사람들은 서둘러 건물 사이로
빨려 들어가고 숨가쁜 얼굴 주위로 살얼음이 어는 듯
했다 나무처럼 그 자리에 그만 뿌리를 내리고 싶었다

바람이 심한 날은 늘 그렇다 어딘가에다 마음을
저당잡히고 온 기분 마음이 아예 어디론가 사라져버리고
없는 기분 마음이 들꽃처럼 부르튼 기분

점심을 먹으려 남산을 오르면서 예전 생각들이 기억의
습지를 헤집고 오르더구나
저기쯤에서 낮술을 마시고 예쯤에선 혼자 울기라도 했
던가
비었던가 눈이었던가 폭풍의 시절 혼돈의 나날들

그런 날들이 내게도 있었던가 싶을 정도로 그것들은 쉬이
 내게 시간이라는 개념을 일깨워주지 않는다
 꼭 십 년 전의 그 자리 그 곳
 그 시절에도 있었을 나무며 바위 자그만 나무의자 바랜 풀
 변한 것이 아무것도 없다 해도 지금의 나는 그때의 내가
 아닌 … 그런 … 쓸쓸함 정도 … 보고픈 사람들

 내가 앉은 자리에서 보면 서울의 반쪽이 훤히 내려다보인다
 올망졸망 서 있는 빌딩들까지도 여기선 꽤 근사한 그림쯤으로 여겨져
 그래서인지 창밖에 시선을 둘 때가 많아
 날로 높아가는 하늘이며 흰구름 같은 바람새
 어느 사이 겨울의 예감이 느껴져 손바닥 가득 파란 소름이
 돋는 듯한 섬찟함

서로에게 따뜻할 겨울이기를 하는 구운돌 같은 바람을
가진다

진화된 우울

진화된 우울
변덕스런 일기
고열과 과열 사이를 익숙한 듯 능숙하게
빈병끼리 외줄타기를 하는 그의 거실 그의 형광등

바라보다
수명을 다한 이제 더 버틸 수 없다고 절규하는 그 오열하는 그

목련 여인숙에 지다

목련 여인숙에는 목련이 없다
이웃집 담장 너머로 지붕까지 키를 올린
목련 한 그루가 있을 뿐이다.

빨간 이층 벽돌집 지붕엔 오래된 도예품들이
군데군데 널브러져 있다.

정작 목련은 담 너머 이웃집 마당에 있다.
그러나 꽃잎은 목련 여인숙 마당으로 진다.

너를 질투하는 시

네가 가진 언어들이 구름이었다면 일부는 비로
더러는 눈발로 지상을 녹이지 않았으리
지붕처럼 고요히 덮인 하늘에 탁구공 만한 섬으로
이리저리 구르다가 솜틀 같은 구름의 이불을 덮고
나
잠들지도 않았으리

온종일 구름 사이로 떠돌아다니다가
구름의 모자를 쓰고 귀가하는 저녁 길
빈 골목마다 울리는 구름의 발짝 소리를 들으며
고요한 주머니 속 열쇠로 구름의 집을 열어
구름의 보행에 맞춰 붉어진 마루를 지나
소리 없이 들어가는 구름의 방

하릴없이 구름의 시집을 한두 장 펼쳐 보는 사이
잉크에 담그지 않은 펜대는 푸른 혈흔을 제
몸에 물들이고 공기 중에 엉겨붙는 구름의 입자들
나

닳고 윤기 나는 문장의 책상에 앉아 펜대에 묻어나는
구름의 문체로 너를 질투하는 시를 쓰네

폭죽처럼 터지는 첫눈, 그리운 사람들.

구름은 바람의 뼈
바람은 제 뼈를 조금씩 화장시키며 이 도시를 지난다.

슬픔은 포도덩쿨처럼 익숙하게 내 몸을 타올라
내 목을 감는다.

담배 한 개피의 추억,
원고지를 태운 후 눈위로 흩어지는 그 재들을 안주삼아
나는 한두잔 쓴 소주를 마시고 싶었다.

첫눈이 내리는 날 서울역엘 갔다.

한 때 잃었던 소중한 친구를 생일날 다시 만났을 때
"그런 말 하지마. 내가 받은 선물 중에서 가장 귀중하고
값진 선물은 바로 너야."
창밖으로 공상의 종이 비행기를 접어 날리곤 했다.

눈보라는 몰아쳐 이 산하를 쑥대밭으로 만들고

뜨겁지도 차갑지도 않은 막무가내의 삶

그
리
고

아무말도 하지 않았다.

태양은 하늘에 떠 있는 섬

태양은 하늘에 떠 있는 섬 여지껏
나는 그렇게 눈부신 외로움을 본 적이 없었다.
세상에 모든 빛 있는 것들은 외로운 法
세상에 빛 없는 것들이 어디 있으랴
사람아
네 눈동자에서 발하는 빛을 발견하고
나는 또 다시 외로워진다.

끈
— 석왕사에서

1.
노란 국화꽃이 우울하게 추억되던 그 사람의 얼굴은
풍경이 울고 나오는 외진 길섶에 젖은 산사를 돌아서서
사막에 홀로 버려진 신기루였다.

2.
모두들 추운 가슴마다에 스스로 흘리는 피를
가닥가닥 매듭지을 풀어헤친 끈들을 품고
그림자만큼이나 길어진 연륜을 흘러흘러
사막 어디에 초록의 군도가 되기 위해 왼 종일
마른 목을 쓸어안고 지문이 지워지는 열병을 앓았다.

3.
가장 늦게 이르른건 역시나 빈대의 꿈 숙취와
과로 때문에 속이 허한 그 꿈 속으로 열심히
써래질하는 빈대의 어제가 엿보이고 가장 늦게
가장 가까이 가장 높게 흔들릴 자는
우리들 모두의 · · · · · 옐로우카드 빈대

<
4.
막내누님 어린딸이 옛애인이라고 희게 희게
베어물던 그사람 웃음말엔
미명의 젊음은 날이 가지런한 잇속 같았고
작설차와 이별초를 번갈아 이야기하며
일어서 가사와 장삼을 챙기던 그의 뒷모습 가득
영원히 알 수 없는 뫼비우스띠같은 우리 모두의
끈들이 얽혀나가서 새로운 시발점으로 등을
굽히고 있었다.

탈영일지
— 그 가을 어느 날

형은 어디로 간 것일까
술집과 여자가 질펀한 남쪽으로 갔을까
꿈에 젖은 나무들
물구나무서기로 일어서는 서쪽으로 갔을까
산맥과 산맥은 가을에 누적된 채
등성으로 타고 줄기줄기 갈래서서 내리는데
근래에 보기 드문 풍년에 한몫을 차지한
올겨울 김장용 무며 배추가 한뼘씩 크기로 자라나는 오후를
이백사십오문 군화를 저벅이며
사방의 마을 중 어디로 흩어져 간 것일까
흰 날개 검은 꽁지를 한 이 마을 새들이
희뿌옇게 허공을 번져드는 바람무늬를 따라
색바랜 미루나무 숲으로 적적이 울다가고
몇 대의 군용차량 습한 소음을 덜컹이며
자꾸만 어디론가 사라져가고 있는데
재수시절,
눈썹을 지워가며 열심히 어둠을 밝혔던 형은, 지금

빈들 어디 실낱같이 자라나는 풀같은 거나
물같은 거나 홀로 깨어 눈 뜨는 머언 먼 남쪽해안
뱃길 험한 다도해 기슭 연락선도 닿지 않는
작은 섬이 되어서 흘러가버린 것일까

물음표로 그리는 사랑

사랑으로 모든 것을 헤쳐 나갈 시대는 지났다.
정당한 약속이행이 나의 두개골을 간통하면서
생각뿐인 고백들을 모를 꿈에 이르게 하고
시간과 공간을 접붙이면서 오후 나절을 환각제
역할을 하는 바람 속에 보낸다 누가 나의
이름에 마른 풀칠을 하면서 얼굴을 묻고 오는가
그러한 때마다 사막의 모랫길처럼 열려오던
부질없는 세상을 걱정 없이 사는 일종의 법칙들이
꼬리를 물고 늘 말줄임표이거나 마침표
이고 싶었던 나의 시대에 갈고리 같은
물음표를 펄 펄 날리며 보이고 싶지 않았던
어깨로 뒷목으로 눈빛만 살아 흔들리는 눈빛만
살아 시도 때도 없이 달려와 넘어지던 그들,

그들을 마름질해 붉은 낯을 한 우체통 속에 넣으며
함박눈 같이 펑 펑 울며 어둠이 눈 뜨는 숲으로
날아드는 저녁새들을 보았다 살아있음으로 하여
나날이 버리고 떠날 수밖에 없는 해 맑은 절실

들로하여 숨 쉬고 활개치는 이토록의 눈살미 고운
나의 사랑

바람은 더위를 풀무질하고

바람은 더위를 풀무질하고
회색의 대기중엔
싱싱한 초록이 살아 오르고
어디선가 더운 계절의
밀려드는 빛살들이 부산한
움직임으로 젖어오고
가슴은
종일 부서져 내리기만 한다
이럴적마다:
유난히도 목젖을 타고 오르는
고향의 바닷물소리는
어지러운 몸짓으로
왼동
생각의 숲을 푸르게 한다.

모란 공원에 지다

세상의 모든 늙은 길은 공원으로 향한다
공원에 앉아 천년의 나무들을 바라본다
지나온 생애를 삽질하는 햇살 속으로
흑백 대리석이 녹아 허물지는 것을 본다
앞으로 나아간 것들은 일찍이 없었다
떠밀려 되돌아가는 것들이 낯선 집 앞에서
집 나온 개를 부둥켜안고 울고 있을 따름
푸른곰팡이 핀 청동 몸을 가진 여자들은
하루가 멀다하고 출산의 쾌락을 즐긴다
물고기가 날아올라 나무를 범한다
새들이 물고기의 자식을 쪼아 먹는다
늙은 길도 길이라고 하면 소방수 복장을
한 사내가 뛰쳐나와 알코올을 주입한다
천년의 나무들이 스스로 뿌리를 썩히는 동안
시선을 거둔 늙은 길은 뒤쪽 묘지에 입양된다
구리 빛 나날 깡통의 시간들 철제의 군상
내 즐거운 산책의 끝은 거기에 고요히 있다.

비 내리는 밤

비 내리는 밤은 어딘지 모르게 쓸쓸하다
그, 쓸쓸함으로 비워진 어둠의 구석엔
채곡채곡 창밖의 빗소리가 쌓이고 잃어버린 시간들이
스스로 목젖을 울리며 찾아들어와 어쩌면,
밤새 지나간 시간들을 이야기하자고 조르는지 모르겠다.
허망한 밤의 이야기가 아니어도
날로 더하여지는 계절의 빛깔들이라던지, 혹은
그저, 스쳐 지나쳐버린 타인들에 대한 이야기라도 좋았다.
지금은,
텅 비어버린 어둠의 구석을 쌓은
빗소리만 아니라면
밤을 새워서라도 충만한 가슴을 키우는 얘깃거리를
찾고, 만들고, 외워두고픈 심정이었다.

바람이 시린 날

바람이 시린 날엔 외투와 가방 하나만을 걸치고
어디론가 무작정 사라지고 싶다
가서 좀 더 맑고 곱게 높이 사는 法을 익히면서
오래게 가슴을 풀어 놓고 싶다
외로이 떠올랐다 스러지는 이름 없는 새벽별의 우리는
서로의 가슴에 집을 짓고 사는 法을 좀 더 익숙하게
배우고 싶다
생각하면 늘 눈이 먼 하늘이기에
차라리 돌아와 한 물결의 바다이고 싶다

낯선 도시의 밤

노래가 없는 밤은 쓸쓸하다
어둠을 뒹굴고 있는
바람 몇 줄을 잡아 음을 고르고

선을 그어본다
자꾸만 들려오는 것은
고향의 싱싱한 바다소리일 뿐,
불러야할 노래는 차라리 식어버린다
낯선 도시의 마지막 밤은
또,
그렇게 짙어간다

무엇하나 남기지 못한 채
이렇게 짐을 챙겨듦이
왠지 모를 아쉬움과 석연찮은 눈물까지도
흩뿌리게하지만,
어느 누구의 말처럼 떠나야할 곳은 미련이라는
낡은 감정을 모두 버리고서라도 떠나야한다

아직도 제 뒷모습을
까닭 없이 어둡게 만드는 일들이
더욱이 숨찬 쓸쓸함으로 몰리어올지라도........

고독한 독백

　무작정 사람들이 그리운 날, 생각속의 사람들을 하나씩 차례로 해후하다가 불현듯 목소리만 들어도 가슴속 울울히 차오르는 사람, 그 사람이 그리워 나는 해지는 강으로 갑니다.
　생각 없이 흐르는 강물을 보며 막막히도 흘러간 옛날을 추억하다보면 어느새 이미 푸른 별 몇 줄 먹을 수 없는 그리움으로 떨고 되돌아가는 길은 가슴으로 수없이 유리창 깨어지는 소리 자욱합니다. 더디고 춥게 어깨를 웅크리며 여린 소년처럼 자라오는 겨울이 늦은 밤 골목을 쓸고 가는 바람소리로 피어나고 때로는 시리도록 푸른 하늘 찬 구름 몇 장으로 흐르기도 하는 요즈음, 산다는 것은 잘못 걸린 전화처럼 투박하게 끊어져 버리고 남아있는 물음표 몇에도 쉽게 무어라 얘기할 수 없음입니다. 지나가 버린 것에 대한 때늦은 회한과 서슬 푸른 절망. 현실은 쉽게 내 발목을 놓아주진 않고서 이제는 떠나야 한다는 것마저도 내 자유의 의지와는 상관도 없이 저 혼자 넉넉히도 여유로운 세상일뿐입니다. 그립고 슬픈 사람들은 늘 막차를 타고 어디론가 낮게 흐르고 가슴이 따뜻한 사람이 그리워 헤매는 자정 무렵의 거리, 내 삶의 전부를 걸어야 할 외로운 사람은 찾아도 정작 무엇에 걸고 살아야 할 지 아픔은 아픔으로 끝나지 않고, 옷 깃을 치는 바람 한 줄에도 눈물은 덧없고 빈방을 차고 도는 그 고독한 홀로임에 하염없이 눈물이 납니다.

나의 하루

창으로 바라다본 세상이
너무도 아름다워서 문득,
가슴으로 목젖으로 눈물이 솟았다.
얼마큼씩의 고통들을
견디어내고서야 우리는
하늘만 보고 살 수 있을 것인지
종일을 둘 데 없는 가슴을 하고
그저, 사는 일만으로 오늘을 보낸다.
세월이라든지
영원이라든지 가고
오지 않는 것들을 사색하며 보낸
나의 며칠이, 지금엔 그 무엇도
아닌 방황과 끝이라는 상반의
모순들로 모습되어지고
일말의 후회와
그, 어떤 되돌이킴이 없이
나의 하루는 다른 깊고 아득한
길섶으로 등을 보이고 있다.

2부

산문

‖ 시작 메모 · 수필 · 기타 ‖

당선소감
(1999년 한국일보 신춘문예 시부문 당선소감)
— 부끄럽지 않은 '시인의 삶'을 살도록……

　언젠가 '당선 소감'이란 제목으로 시를 쓰려 했던 적이 있었습니다. 당시엔 어설픈 객기로 한 일이었는데 막상, 지금 똑같은 제목의 글을 쓰자니 그때보다 몇 배나 더 막막한 심정입니다. 고향을 떠나 서울로 오면서 제겐 어설프게나마 '시인'이 되고픈 간절한 꿈이 있었고 지금까지 그 꿈을 향한 이정표를 찾아 부표처럼 떠돌아다닌 느낌입니다. 얼마 전 십 년을 훌쩍 넘긴 서울살이를 정리하고 이곳으로 떠나오면서 아무런 것에도 마음을 두지 말자고 단단하게 마음의 고삐를 틀어잡았는데 또다시 이렇게 '시'에 마음을 도굴당하고 말았습니다.
　역설적이게도 시인이 되고 싶어 왔던 서울에서 시인의

꿈을 접고자 다시 서울을 떠났을 때, 저는 이렇게 시인이 되었습니다. 그것은 바로 제가 생업을 잃어버린 사람들의 이야기로써 제 필생의 업을 이룬 것과 결코 무관하지만은 않을 것입니다.

보이지 않게 상처받고 버림받은 사람들, 어머니 같고 큰 형님 같은 많은 분들이 어서 빨리 튼실하게 일어서 주셨으면 하는 바람을 가져봅니다. 그래서 어린 조카 같은 이 땅의 아이들이 더 이상 공원을 배회하거나 보육원에서 하염없이 울음 우는 일이 없어졌으면 합니다.

대학 중퇴의 학력으로는 받아주는 데가 쉽지 않아 이력서를 쓸 때마다 가슴이 이력서 빈 여백만큼 하얗게 빈혈을 일으키던 때가 제게도 여러 번 있었습니다. 그러나 제 짧은 생의 경험으로도 세상은 그만큼 공들이고 수고한 사람들의 몫이라는 것은 치를 떨면서도 인정해야 했습니다.

사랑하는 나의 어머니…… 보리차를 끓일 때면 물이 끓으면 보리차 티백을 집어넣고 금방 불을 꺼버리는 저와는 달리 어머니는 그러고서도 불을 줄여 한참을 더 물을 끓이시곤 주전자를 바닥에 내려놓으십니다…… '등단'이라는 통과의례를 거치면서 저는 이제 조금 그 뜻을 알겠습니다. '시인'이 되고서도 거기에 안주하지 않고 오래 오래 자신을 담금질하여 부끄럽지 않은 '시인의 삶'을 살겠습니다.

시뿐만이 아니라 '시인의 삶'을 가르쳐주셨던 오규원 교수님, 최하림 교수님 고맙습니다. 그간 찾아뵙지 못함을 용서하십시오. 고등학교 은사이셨던 손정미 선생님, 선생님께서 제게 주셨던 '시는, 처음이며 끝이며 항시 간절합니다'라는 말씀은 지금도 잊지 않고 있습니다. 시인이 되시기 전에도 항상 시인이셨던 손순미 님께도 깊은 고마움을 전합니다. 무엇보다 끝까지 나를 지켜보아준 고맙기만 할 따름인 나의 소중한 벗들…… 두고두고 갚아주마. 너희들의 전부인 사랑 말이다. 사랑하는 나의 가족들…… 뇌수술 이후 지금도 투병중인 큰형님께 이 일이 작은 위안이거나 기쁨이었으면 하는 간절한 마음입니다. 모두와 이 기쁨을 함께하겠습니다.

마당의 끝이 바다였던 집

시는,
처음이며 끝이며
항시
간절해야 합니다.

찬찬히 그곳의 풍경을 떠올립니다.
마당의 끝이 바다였던 집
하루에 두 번씩 아침저녁으로 무적을 울리며 정기 여객선이 뜨고
여객선이 물살을 가로지르며 포구를 벗어날 즈음엔 빨갛고

하얀 색깔의 등대가 그림처럼 놓여 있었겠지요.

 갯가를 돌아다니며 종일 파래나 김, 미역을 채집하던 게 일상이던 유년과
 생업에 바쁜 어머니를 대신해서 하루 내내 유아기의 제가 업혀 있던 누이의 땀내 자욱하던 등
 기억하기론 제 글쓰기의 처음은 누이의 그 쉰내 나던 등이 아니었나 싶습니다.
 종일 부모님을 비롯한 여섯 형제의 뒷바라지를 혼자 고스란히 감당해야만 했던
 누이의 쓸쓸한 단발머리 시절
 아침저녁으로 읍사무소에서 배급받은 밀가루로 여덟 식구의 밥이었던 수제비를 생솔 가지 뚝
 뚝 꺾어 한 솥 가득 끓여내고 학교를 마치고 돌아오면 여덟 식구의 빨래와 집안 청소,
 그것도 모자라 틈나는 대로 산이나 들로 땔감을 찾아다니느라
 책 한번 제대로 들여다보지 못하고 공부 한번 마음껏 하지 못했던 누이의 유년과 사춘기
 그런 생활 중에서도 누이의 모습은 언제나 귀밑까지 단정히 자른 단발머리 소녀의 모습이었겠지요.

어느 날

그런 누이가 저를 버리고 — 어린 시절의 저는 분명 그리 느꼈습니다 — 서울로 돈을 벌러 떠났을 때,

저는 한동안 그 상실감을 어린 몸으로 감당하지 못해 밤마다 식은땀을 흘리며 깨어나거나

요의를 제때 분간하지 못해 이불이 흥건하도록 지도를 그려대곤 했었습니다.

가족들의 매서운 눈총이 아니더라도 그 시절

저는 퍽 많이 우울해했고 점차 혼자 있는 시간이 많아지는 아이로 자랐습니다.

그러다 우연히 다락을 정리하다 발견한 누이의 공책

거기엔 지금껏 제가 발견하지도 경험해 보지도 못했던 시詩라는 게 공책 가득 쎄어 있었습니다.

시가 무엇인지도, 시가 어떤 것인지도 모르는 초등학교 아이가

그만 시라는 세계에 위험하게도 빠져버린 것입니다.

유치환 선생님의 「깃발」이라던지, 서정주 선생님의 「국화 옆에서」라던지, 그 외에도 「염원」 「후조」 「푸념」 등 그 당시의 제가 알아듣지도 못할 많은 말들을 제목으로 한 수많은 시들이 있었습니다.

저는 그 속에서 알아차리지도 못하는 언어의 세계를 배웠고 나름대로의 운율이라던지 상상력이나 생애에 대한

성실감이나 넋두리들을 배웠습니다.

　그때 누이의 공책에 씌어져 있던 시들은 어쩌면 하나같이 그리도 외롭고 비애 섞인 작품들이었는지요.

　추억해 보면 누이의 유년기나 사춘기 시절 또한 그 시들처럼 혹독하고도 아팠을 것이었겠지요.

　지금 그 누이는 결혼을 하고 이미 아이가 둘인, 그것도 큰 딸애는 중학교 2학년이 돼버린 중년의 나이가 되었습니다.

　그럼에도 누이는 지금껏 제게 단 한 번도 그 공책에 관한 얘기를 하지 않으셨습니다.

　아마도 누이는 그 공책을 까마득히 잊어버리고 있는지도 모르겠습니다.

　그러나,

　그러나 저는 그렇게 생각하지 않습니다.

　누이가 잃어버린 건 그 공책이 아니라 한 번도 아름답게 꽃피지 못했던 누이의 유년과 사춘기였겠지요.

　그러면서도 고된 하루 일을 끝마친 늦은 밤

　식구들이 모두 잠들기를 기다려 어쩌다 보았을 시편들을 초록색 잉크에 펜을 담궈 그렇게 한 편 한 편 공책에 써 나갔겠지요.

　누이만의 세계를 꿈꾸고 그려나갔겠지요.

제 글쓰기는 그런 누이의 고단한 일상의 위안이거나 자신만의 세계를 꿈꾸고 구축해 나가는 일이라고 생각합니다.

도대체 세상의 그 어떤 것이 한 인간의 모든 세계 — 육체를 비롯한 그 나머지까지도 — 를 구원하거나 구현해 낼 수 있을려는지요.

조금씩 세상에 길들여져 가는 자신을 뒤돌아보기 혹은 스스로 담아내기 혹은 견디기

실은 그 무엇도 해답이 되지 않는 게 글을 쓰는 일이라고 생각합니다.

자문자답은 숨은그림찾기와 결국은 같은 모습일 테니까요.

저는 누이를 사랑하고 그 역시 세상을 향한 그리움이거나 사랑이라고 여깁니다.

앞으로 저는 오래 헤맬 것입니다.

헤맴 끝에 무엇이 있을지 두려워하지는 않습니다.

그저 헤맬 것이고 그 헤맴을 담담하게 지상에서의 제 몫으로 받아들일 것입니다.

시 「모란 공원에 지다」를 위한 시작 메모

　나는 집을 나가지 않는다. 간혹 나가면 이틀이나 사흘쯤 놀다가 온다. 그러나 그러한 시간은 한 달에 한 번쯤으로 족하다. 집을 나가지 않는 대신 산책은 자주 하는 편이다. 북한강이 가까운 이곳이 그래서 마음에 흡족하다.
　모란 공원에 앉아 햇빛에 무너져 내리는 조각들을 응시하거나 뒤쪽 공원묘지에 누운 주검들을 축원하는 일도 즐거운 산책이다.
　육체가 집이라면 세상 모든 집은 가엾고 애처롭다.

시「마석우리 詩 · 1 — 어머니」를 위한 시작메모

 서울을 떠나 마석에서 산 지도 벌써 이 년째 접어들었다. 고향을 떠나 서울에서 살았던 것에 비하면 턱없이 짧은 햇수인데도 꽤 오래된 것 같은 느낌이 드는 건 왜일까?
 아버지의 산소가 있는 가평과 서울의 중간 지점인 이곳은 방향을 가늠하기가 때로 힘들다.
 서울이 삶이라면 가평은 다른 삶의 모습쯤 될까?
 이렇게 비누 방울 같은 물음표만 자꾸 피워 올리는 걸 보면 나도 더러 심심한가 보다.

「예정없는 여행」 시작 메모

지금 막 출발하기 전이다.
아침에 내리던 비는 이제 오지 않지만
싸늘한 대기는 여기가 바닷가임을 일깨워준다.
늘 그렇지만,
이번에도 역시 지치고 힘겨운 여행이었다.
사람들을 만나고 그 사람들에 싸여
어느새 웃고 떠들다보면 새벽은 빨리 오고
그런 그리움쯤으로 뒤척이다보면
하루는 오후가 돼서야 제자리를 찾는다.
사람과 사람 사이에서 멀미를 하면서도
돌아서면 늘 그리운게 사람이었던 것처럼

아쉬움과 미련에 넋을 놓다 보면
돌아서는 길은 언제나 달빛투성이다.
좋은 사람들,
과분하리 만치 아름답고 고마운 사람들,
그 사람들로 하여 나는 삶을 영위하는
최소한의 기쁨도 맛보곤 하지만……
다시 막막해지는 까닭은
아무것도 예정된 것이 없는 나의 삶 탓이리라.
너를 만나러 가는데도 왜 이리 나는 외로운 걸까.
때론 말없음이 더욱 절실한 표현일게다.

시「예하리에서」를 위한 시작 메모

꿈조차 제대로 오질 않았던 밤들,
한밤중에도 잠이 깨이는 섬뜩함 속에서
나는,
내가 지나온 길보다
나아가야 할 길들에 더욱 절망하면서
새벽까지 실종당한 내 꿈들을 찾아
안개 냄새 자욱하던 예하리의 새벽을 더듬곤 했었습니다.
그때마다 떠오르던 아버지의 모습을 나는 내 詩에 적어
두고픈 마음뿐이었습니다.

자기소개서

 마지막 교정지에 오케이(o.k) 사인을 한 뒤 책상 위 스탠드 스위치를 내렸다. 잠시 아득해지는 시야를 추스르며 올려다본 벽시계는 이미 9시를 넘기고 있었다. 한쪽 손으로 반대쪽 어깨를 주무르며 의자에서 일어나 고개를 뒤로 젖혔다. 뻐근해지는 건 어깨만이 아니어서 허리며 양다리까지 순식간에 얼얼해졌다.
 모두들 퇴근한 사무실은 이상하게도 대낮보다 더 좁아 보였다. 몇 안 되는 직원들이긴 하지만 비좁은 사무실 안을 마치 금붕어가 물 속을 유영하듯 한치의 걸리적거림도 없이 서로를 부드럽게 피해 다녀서인지는 몰라도 한눈에 봐도 작은 사무실이 그런대로 넓다 여겨지곤 했다.

하지만 이런 시간, 더러이긴 하지만 내일까지 끝마쳐야 할 대지작업이나 원고의 교정이나 교열, 혹은 광고나 카피 구상으로 늦게까지 사무실에 혼자 남게 될 때면 왠지 낮에는 그토록 여유롭게 느껴지던 사무실이 갑자기 골방처럼 작고 답답해 보이는 것이다.

일을 끝냈다는 안도감이 생겨서일까, 그만큼 피로감이 몰려서일가 아무튼 한밤중에 혼자 남은 사무실은 금방이라도 뛰쳐 나가고픈 충동질을 자아낼 만큼 비좁고 낯설어 보였다. 먹다 남긴 커피와 수북이 쌓인 담배꽁초를 휴지통에 쓸어 버리면 재빨리 가방을 어깨에 둘러메곤 황급히 사무실을 나왔다.

외투 깃을 올렸음에도 불구하고 찬바람은 목덜미 근처를 사정없이 후려쳤다. 종종걸음으로 빙판 위를 걸으며 허옇게 비어져 나오는 입김에 자신도 모르게 몸서리를 쳤다. 혼자 사는 사람에게 겨울은 혹독하고도 매서울 따름이었다. 그럼에도 아직 결혼에 대한 생각은 먼 이국의 이야기쯤으로 여겨질 뿐 도대체 그 어떤 현실감을 주질 못했다. 나이 서른을 넘겼음에도 아직은 청춘이라는 게지….

헤어 보자면 홀로서기를 결심하고 집에서 독립한 지도 벌써 4년 째를 넘고 있었다. 대구에서 대학강단에 봉직하시는 셋째 형을 제외하곤 모두가 서울에서 살고 있는데 그나마 결혼도 하지 않은 채 이리 혼자 나와 살고 있으니 혼자 되신 어머님이나 형님들과 형수님들, 하다못해 하나뿐인 누님에게도 제 때에 치우지 못한 짐처럼 자신의 존재가 느껴지기도 할 터였다.

그러나, 나중에라도 결혼을 해서 평생을 마누라와 자식들 틈에 끼어 살 생각을 하면 지금의 이 자유스러움은 세상 그 무엇과도 바꿀 수 없는 귀중한 나만의 시간이자 생의 유일한 시절이기도 한 것이다. 어려서는 부모와 형제들 틈에, 장성해서는 아내와 자식들 사이에 이래저래 홀로이지를 못하고 치여 산다고 생각하면 금방이라도 소름이 다보록하게 돋았다.

어울려 산다는 것과 어쩔 수 없이 매여 산다는 건 이리도 확연하게 다른 것이다. 개인의 철저한 자유와 혼자만의 공간이 주어지지 않는다면 그 어떤 창조적인 생각이나 행위는 이루어지지 않을 것이며 그러한 사회구조에는 아무런 진보나 발전이 없기 때문일 거였다.

내 삶의 주인은 나의 것이며 나는 그러한 삶의 주인이기를 위해 오늘도 생활인으로 살아가고 있으며 그 생활인으로서의 책임을 다하기 위해 지금껏 늦도록 야근을 감행한 것이다.

출판 쪽에서 일한 지도 어느새 4, 5년의 시간이 흘렀다. 편집학원을 수료하고 다리를 다쳐 고생하다 1년이 훨씬 지난 후, 어렵사리 충무로의 이름도 없는 작은 기획사무실에서 출발하여 친구들과 함께 차렸던 '출판 이벤트 신우', 그리고 다시 2년 후 지금의 '삶과 함께'에 근무하기까지 참으로 우여곡절도 많았고 나름대로 고충도 심했었다.

명함제작과 팜플렛 작업부터 출발한 충무로 기획사무실 시절에서부터 '민음사'의 '대우학술총서' 작업을 의뢰받아 마감시일을 맞추느라 꼬박 밤을 세워 교정이며 대지작업을 하면서도 피곤함을 몰랐고 그 외의 유수한 출판사의 단행본 작업 및 전문서적에도 참여해 의외의 호평에 출판이라는 직업에 나름대로의 자긍심도 가졌던 '신우'시절. 그리고 부도가 난 지금의 이곳에 와서 적은 보수에도 최선을 다한다는 생각으로 지금의 위치까지 왔다.

생각하면 출판만큼 현실적이면서도 비타협적인 직종도 드물지 않나 싶다. 힘든 일이면서도 그만큼의 보수나 직급, 혹은 사회적인 위치도 뒤따르지 않는 일이 바로 출판인 셈이다.

이런저런 생각으로 골목을 나서 횡단보도에 섰다. 신호등은 언제나 사람들을 양쪽으로 갈라놓고 알 수 없는 적의로 신호등의 얼굴은 푸를 적 보다 붉을 적이 더 많다.

신호등 앞에 서면 늘 익숙한 습관으로 떠올리는 풍경이었다.

80년대 학번이면 누구나 그러하겠지만 대학생활에서 이상보다는 현실이, 강의실보다는 거리가 더 많은 진리와 진실을 가르쳤던 시절이었다. 그 시절엔 옷을 잘 차려 입는 것도 비싼 외식을 하는 것도 심지어 도서관에 앉아 공부를 하는 것도 이유없는 죄의식을 갖게 했었다. 그만큼 우울하고 암담한 시기였다. 스스로 불을 지르고 꽃답게 죽어 간 숱한 젊음과 고문과 도피에 정신과 몸이 온통 망가져 간 또 다른 젊은이들, 거리마다 사람들은 눈물을 뿌리며 달리고 고함지르고 어느 누구도 완전한 나의 동지 아니면 적이었던 시절.

그랬다, 그렇게도 불행한 시절이 있었다. 그러다 한 젊은이가 죽었다. 최루탄 파편이 머리에 박혀 그렇게 철철 피를 흘리며 쓰러져 갔다. 사흘을 빈소가 설치된 대학광장에서 밤을 보내고 마침내 운구행렬을 따라 정처없이 나섰던 날, 광화문에서 멈춘 행렬은 청와대로 방향을 바꾸고 이윽고 폭죽처럼 터지던 지랄탄들, 수많은 사람들이 그 와중에서도 질서를 외치며 서로를 넘어지지 않도록 이끌어 세워 주며 안전한 곳을 안내를 했었다.

후배와 둘이서 손수건으로 입을 막고 영국대사관 쪽으로 달리면서 아, 나는 거기서 보았다. 세 살이나 되었을까? 아빠의 어깨 위에 무등 태워져 정신없이 눈물이며 콧물이 범벅이 됐으면서도 아빠의 굵은 손을 그 가녀린 여린 손으로 꼭 잡고 울음도 토하지 못하고 먹먹히 허공 중에 떠 있던 아이. 사람들은 그 아이를 황급히 영국대사관 담 저 쪽으로 옮기려 했으나 아이는 아빠와 떨어지지 않겠다는 듯 그제서야 선연한 울음을 토해 내고 있었다.

잠시 풍경이 멈춰진 듯 나는 돌아서 시청 쪽으로 돌아섰다. 처음이었다, 보도 블록을 깨뜨려 힘껏 그 조각을 주워 날랐다. 폭력이야 이건, 참을 수 없는 폭력은 이런 것이야 인간을 인간 아니게 만드는 것. 최소한의 기본적인 감정이나 인간으로서의 권리를 포기하게 만드는 이런 상황 이게 바로 폭력이야, 무슨 죄가 있어 인간답게 살려고 노력하고 애쓰는 게 왜 죄가 되어야 하지?

그러나 그러한 분노도 잠시, 가투가 끝나고 도망치듯 그 자리를 떠나면서 나는 성경의 어느 한 구절을 선연하게 떠올렸다. '누구 죄 없는 자 있거든 저 여인을 돌로 쳐라.'

많은 날들이 거리의 신호등 표시처럼 흘렀다. 학교를 그만두고 방위소집을 받고 해제를 하고 편집학원을 다니고 돈벌이를 했다.

지하철 입구에 잠시 머뭇거렸다. 시간도 늦었는데 택시를 탈까, 내게 드는 돈은 최소한으로 아끼자라는 좌우명 아닌 좌우명이 설핏 고개를 돌렸다. 그러나 곧 지하철로 내려가는 계단을 밟는 건 쉬웠다. 여태껏 나를 위해 맘 놓고 돈을 쓴 적은 없었으니까….

완벽하게 자신의 얼굴을 타인의 것으로 바꿔버리는 지하철의 차창에 머리를 기대고 비스듬히 몸을 기댔다. 이맘 때면 조금씩 지쳐 낯설기만 한 사람들의 표정, 그 표정에 얽힌 어떤 암호라도 읽으려는 듯 난 조금씩 곁눈질을 시작했다. 버릇처럼 아니 버릇인 채로.

이제 서울 생활이 11년째다. 섬에서 태어나 섬에서 자라 어부였던 아버지와 순박한 어머니, 5남 1녀 중 막내라는 위치는 그리 쉽지도 즐거운 것도 아니었다. 그저 응석받이에서 조금씩 어른이 되어 갈수록 짐스러워지는 존재일 뿐.

유년시절에 받았던 개근상장과 몇 번의 우등 상장, 사춘기때까지 심심찮게 받았던 각종 학예 대회나 백일장에서의 여러 부문의 상장이나 트로피, 그건 꼭 허방짚는 일만 같아 상장이며 트로피 모두를 집에 와선 몰래 버리기도 했었지만 돌아보면 그 재미마저 없었다면 분명 나는 어디에서건 천덕꾸러기였을 것이란 생각이 가끔은 씁쓰레한 기분을 들게 한다.

정착지를 알리는 안내방송이 나오자 몇몇의 사람들이 몸을 굴렸다. 나 역시 제일 뒷줄에 가 팔짱을 끼고 섰다. 몸이 조금씩 기울어지는 느낌이었다.

집으로 오르는 언덕길은 항상 힘에 부친다. 역에서 나와 집에까지 가려면 꽤 가파른 언덕길을 한참 올라야 한다.

맨 몸으로도 오르기에 벅찬 언덕은 이것저것 반찬거리며 책가지를 손에 들고 오를라치면 정도 이상으로 어깨를 저리게도 한다.

그러나,

나는 지금의 이 길이 언젠가는 나를 저 높은 곳으로 이끌어줄 사다리가 되리라 믿는다.

지금의 이 작은 고통이 이윽고 저 안온하고도 따뜻한 불빛이 가득한 한 집으로 데려다 주리라.

그때까지 어떠한 고통도 나를 쓰러뜨리지 못할 것이며 나 역시 그 고통의 허허바다를 온몸으로 헤엄쳐 나아가리라. 비록 그것이 허망하기만한 송장헤엄일지라도….

나는 이 길의 주인이며 동시에 이 길의 주재자인 것이다.

‖ 편지 ‖

편지 1
(유학 간 셋째 형에게 쓴 편지)

형,

지난 겨울은 그저 암담한 기억뿐이었어 암담하고 다시
암담해져서 힘겹게 올려다 본 하늘에서는 그리운 나라
의 소식처럼 눈이
내리고 내리는 눈발에 온몸이 부서지면서 무작정 걷기
만 했었지
헤매임도 이제는 익숙한 것이어서 담담하기만 하고
아예 집안에 들어 앉아 칩거 아닌 칩거를 했었지
외부를 향한 모든 문을 닫아두기란 쉬운 일이 아니었
지만

형이 이국에서 홀로 바라다 볼 노을을 생각하면 그래도 나의 외로움은
견딜만한 그 무엇이었어
무엇으로든 이제는 나의 자리매김을 해야 할 때라고 생각해
헤매인 나날들에 비하면 너무 늦지 않았을까 조바심도 생기지만
삶에 있어 처음과 마지막은 아무도 가늠할 수 없는 부분이니까 이제라도
내가 홀로 일어설 수만 있다면 그것만으로도 충분하리라 싶어
어떻게 살아야 하는지도 중요하지만
무엇으로든 살아 있어야 한다는 사실 또한 때로 눈물겹기 까지 하거든
세상은 끝까지 살아 남은 자의 몫이라는 건 형이나 나에게 있어
이제 너무 당연시한 말이잖아

무엇보다 걱정스러운 건 형의 건강이고 두 번 째는 생활이야
그 나머지 모두는 형이 뜻하는 모든 일들이 제대로 이루어질 수 있기를 바라는 것

지금까지 한 번도 가족들을 실망 시키지 않은 형인 줄을 알면서도

어려움을 무릅쓰고 떠난 길이니까 다소 염려가 된다면

나이 어린 동생의 당돌함일까

무심결에 올려다 보는 교회 십자가를 바라보면서 형을 위해 내가 할 수 있는 최선의 일은 그저 형이 무사히 돌아올 수 있기를 바라는

작은 기도 뿐임을 절실하게 느끼곤 해

그건 나만의 바램이 아니라 우리들 모두의 바램이기도 하니까

낯선 땅에서 형만이 오로지 감수해야 될 외로움이나 쓸쓸함 혹은

힘든 부분도 많으리라 싶으면서도 쉬이 편지를 쓸 수 없었던 것은

형에 대한 나의 믿음의 무게라고 말한다면 변명치고는 너무 속보이는

말일까 하지만 형에 대한 나의 믿음은 다분히 신뢰성이 있으므로

그다지 변명만은 아닐거라고 형도 생각할 줄 알아

여지껏 형과 나를 이어온 것은 혈육이라는 상투적인 말보다는

보이지 않는 서로에 대한 믿음이라고 나는 굳건히 믿고

있거든

　여기는 봄이야 말 그대로 만물이 소생하고 아름답기만 하지
　그러나 그 아름다움 속에서도 떨기떨기 꽃을 피워 올린 목련을 보면
　때없이 서러운 생각이 들어
　겨울을 이겨낸 목련도 허공 중에 한 떨기 꽃을 감아 올리는데
　삶의 겨울을 지나온 내가 허공 중에 피워 내어야 할 꽃은 과연 무엇인가
　그러나 아직까지 내 삶은 끝나지 않았으므로 지금부터라도
　내 자리매김의 이정표를 세워야지
　모두들 건강하게 잘 지내고 있어 걱정하지마
　도엽이를 처음 보면서 형의 어릴적 모습을 보는 것 같아 신기했어
　한 번도 그리고 앞으로도 형의 백일 때의 모습은 못보겠지만
　도엽이를 가만히 바라보고 있으면 형의 유년기를 충분히 그려낼 수 있어
　어머니 환갑은 오월 구일로 정해졌고 장소는 롯데호텔

이래

　그날 나는 어머니께 드릴 그 무엇도 없지만 마음으로 엄마를 사랑하고 있다고 말이라도 할 수 있을까

　잘 살아야겠어
　그것만이 내가 할 수 있는 최선의 다짐이야
　여름이면 형을 볼 수 있겠지 건강하게 만나자 형
　형수님께 잘 하고 공부도 열심히 해서 형이 원하는 모습으로 귀국해서도 잘 살아가길 바래
　봄의 한가운데 와 있어 이 모든 봄의 향기를 형에게 바치니까 어디서든
　아름답고 싱그러운 봄의 느낌으로 생활하기를 빌어
　건강하고 잘 지내

　　임신년 사월 열이튿날에 그리운 서울에서 다시 그리운
　　　　　　　　　　　　　형에게로 동생 림, 드림.

편지 2
(조카의 생일을 축하하며 셋째 형에게 쓴 편지)

　많은 날들이 흘렀어, 비가 오고 바람이 흐르고 자욱한 안개 더미의 나날
　시간은 죽었다 다시 환생하고 남아 있는 사람들보다 떠난 자들이 더 많았던
　그러나 돌이켜보면 가끔 아름다이 서 있기도 할 사람 몇.
　나무와 나무 골목과 골목 마을과 마을 밤과 밤 눈과 눈 그 사이,
　우연히 부딪는 어깨들처럼 가다보면 우체통 만큼 작아져 연민스럽기도 한
　그이들 마음에 비칠 나 역시 별 수 없는 나이라는 걸
　그런 세월이었다는 걸 쓸쓸히 일러주면서

그렇게 겨울이 시작되고 대책없이 맨 몸인 나는 퍽 비장한 각오로 이리 살아 있어.

시였기도 하고 술이었기도 하고 담배나 꽃 더러 사람이었기도 한 젊은 날,
부질없이 궁글기는 매한가지여서 나 그 안에 몸도 섞었지.
어느 날이었던가
어른의 눈으로 바라본 세상은 신기하기도 두렵기도 해서 적잖이 몸을 사리기도 했지만
그 또한 삶이라고 자신하며 그 속으로 섞여 들어갔지.
최초로 맞이한 죽음의 실체 앞에서 나는 묵묵히 앉았기만 할 뿐
그 어떤 위로로도 치유할 수도 받을 수도 없는 부분이 세상엔 있다는 걸 알았지.
그리고 어쩔 수 없이 사어死語가 돼버린 호칭 "아,버,지."
무덤은 푸르고 세월도 푸르러 이젠 기억도 딱딱한 그날의 얼굴들.
모래알을 삼키는 기분으로 나 허망하기만한 젊은 날에서 도망쳐 나왔네.

집으로 가는 길은 언제나 멀어 언덕을 오르면서도 몇 번

이고 무릎을 세우고

  어깨의 가방이 힘에 겨워 타박타박 혼잣말처럼 보채기도 하면서

  이윽고 다다라야 할 언덕 저 위 켠의 불빛,

  그건 언제이고 도달해야 하는 삶의 중심점과도 같이 올려다볼 적마다 가슴에 불을 놓고

  기어이 도달하고야 말겠다는 신념으로 되짚어 오르다보면 어느 사이

  등 뒤로 덮치듯 솟아오르는 먼 마을의 불빛이며 차들의 행렬.

  큰 숨을 몰아쉬며 잠시 그 모양에 눈길을 주기도 하다가 푸념처럼 뱉는 말

  '그래, 지금의 이 작은 고통이 언젠가는 나를 더 높은 곳으로 이끌 사다리가 될 거야.'

  그곳의 하늘에도 그리운 그 나라의 소식이 내렸는지 온 몸으로 꽃을 피우며

  가느다란 떨림으로 속삭이면서 이윽고 눈물로 저를 녹일

  깊고 그윽한 향기가 슬프도록 자욱했었는지.

  하면, 또랑또랑 눈빛이 선한 엽은 또 얼마나 부신 몸짓으로 웃음을 터뜨렸을까

  보지 않아도 선한 모습이어서 그리움도 눈만큼 쌓여갑

니다.

 사랑하세요, 두 분.

 우리가 공유하고 있는 유년기의 상처는 이제 우리만으로 족하니까요.

 저는 더 이상의 상처를 만들지도 물려주지도 남기지도 않으려 자폐를 택했답니다.

 이 모든 괴로움은 이제 바야흐로 제 안[心]으로만 깊어질 것입니다.

 실한 겨울나기를 하세요. 종종 소식 드리도록 하겠습니다.

        내나라 4328년 12월 2일 오늘이 엽의 생일이지요,
            모든 사랑을 전합니다. 동생 림, 드림

발문

그는 왜 침묵을 살아야 했을까

최하림

(시인)

밤으로 들어가지 않고서는 꿈꿀 수 없듯이 침묵 속으로 들어가지 않고서는 말[詩]을 얻을 수 없다. 침묵은 말의 중단이나 포기가 아니다. 말과 대칙적인 존재도, 수동적 존재도 아니다. 그것은 無와 같이 끝없이 존재할 뿐 아니라 모든 有를 끌어안고 거기에 숨을 불어 넣어준다. 그래서 침묵은 무엇이 태어나려고 하는 움직임을 보인다. 임마뉴엘 칸트는 밤하늘의 별을 볼 때마다 경이감에 사로잡힌다고 했는데, 이때의 경이는 별의 빛, 즉 침묵의 빛 때문일 것이라고 나는 생각한다.

내가 지금, 왜, 침묵을 말하고 있느냐 하면, 침묵처럼 무섭고 슬프게 살다 간, 한 시인을 생각하고 있기 때문이다.

그 시인은 한국일보 신춘문예에 시를 몇 편 보내어 당선의 영예를 안았을 뿐, 그 이후 어떤 곳에도 작품 한편 발표하지 않았으며, 시인이라는 관사를 쓰고 어느 자리에도 나타나지 않았다. 그는 홀로 남양주의 작은 아파트에서 고독하게 살면서 밤마다 술을 마시고 골목을 배회하고 시를 쓰다가 죽었다. 뒤늦게 친구들이 찾아가 시신을 불태우고 재를 산과 강에 뿌렸다.

그가 여림이었다. 장례를 마치고 친구들이 아파트를 찾아가 컴퓨터를 열어보니, 초고를 끝낸 유작시 110편이 나왔다. 친구들은 110편의 유작을 여러 벌 복사하여 내게도 한 벌 보내주었다. 나는 그를 가르친 적이 있었다. 술도 마신 적이 있었다. 유작시를 받던 날 밤, 나는 몇 번이고 망설이다가 자정 넘어 시 원고들을 보았다. 눈물을 참을 수 없었다. 특히 내 눈물샘을 심하게 건드린 것은 '종일, 살아야 한다는 근사한 이유를 생각해 봤습니다' 라는 구절이었다. 시인은 종일 살아야 한다는 근사한 이유를 찾아보았으나 그럴 만한 이유가 떠오르지 않았다. 그리하여 시인은 면도날로 여러 갈래 손목의 핏줄을 자른다. 그러나 시인은 죽음을 결행하지 못하고 손수건으로 피 흐르는 손목을 꼭꼭 접어 맨 뒤, 창 밖의 세상을 본다. 세상이 너무 아름다워 그는 흐느낀다.

그것은 감상적인 넋두리가 아니다. 그것은 현실이다. 그는 홀로 침묵 속에서 산다는 것이 너무도 무섭고 두려웠다. 그래서 죽을 이유와 살 이유를 찾았다. 죽을 이유도, 살 이유도 없었다. 이유가 없기는 나도 마찬가지다. 하지만 그는 죽었고, 나는 살았다. 나는 삶에 이유 같은 것은 필요 없다고 생각하는 편이었다. 그것이 여림과 내 차이였다.

얼마나 무섭고 슬프기에 여림은 살 만한 이유라도 있는 것인가 하고 종일 생각했으며, 아무 이유를 찾지 못하고 끝내 목숨을 던졌을까. 왜 그는 그토록 외로운 상황에서도 시를 발표하지 않았을까. 발표가 무의미한 일이라고 생각했을까. 아니면 침묵 속에서 침묵처럼 침묵을 사는 것이 시인이라고 여겼던 것일까.

'침묵 속에서 침묵처럼'이란 말을 쓰고 나니까 한 생각이 떠오른다. 새천년이 비롯되던 늦가을, 신춘문예라는 등용문을 거치고서도 시 한편 발표하지 못한 여림이 딱해서(그때 나는 그를 딱하게 생각했다. 얼마나 어리석은 일이었던가) 그의 동기인 박형준 시인에게 전화를 나는 한 적이 있다. 여림에게 시를 청탁하라고! 시가 매우 좋다고! 박형준은 그때 『작가』의 편집위원이었다.

박형준은 여림에게 청탁서를 보냈던 모양이었다. 뒤에 들은 바로는, 여림은 어느 날 아침, 박형준의 자취방을 찾아갔었다 한다. 방문을 열고 보니 박형준은 벌써 나가고 없었고, 방에는 옷가지와 휴지, 걸레, 타월 등이 너저분하게 널려 있었다. 여림은 오전 내내 방을 쓸고 닦았다. 박형준은 여전히 오지 않았다. 여림은 냉장고 문을 열어 보았다. 양파 하나 달걀 하나 없었다. 여림은 시장으로 가 두부와 된장, 파, 소고기, 김치 등등을 사가지고 와 찌개를 끓였다. 여림은 "선생님, 형준이 그렇게 형편없이 사는지 몰랐어요. 사람이 그렇게도 살 수 있는가 싶었어요" 했다. 박형준도 "어머님이 왔다 가신 뒤와도 같았다니까요" 했다. 나보고도 여림은 남양주나 양평으로 이사오라고 했다. 봄 가을 김치는 담아다 드리겠다는 것이었다.

여림은 그런 사람이었다. 그의 가슴에는 정과 사랑이 넘쳤다. 헌데도 나는 그를 한번 찾은 적이 없었고, 박형준도 이승희도 이기인도 찾아간 적이 없었다. 그는 홀로 골목을 오르내리며 술을 마셨고 시를 썼다.

여림의 시를 관류하는 것은 홀로 있음이었다. 홀로 있다는 사실 때문에 그는 두려웠고 밤 골목을 헤맸다. 살 만한 그럴 듯한 이유가 있느냐고 묻고 있는 것도 홀로 있다는 사실의 두려움을 담고 있는 물음이다. '죽음에 이르는 병'이라는 말이 담지하듯이 홀로 있음은 인간의 얼굴을 돌로 만들며 검은 침묵으로 포장한다. 홀로 있음과 침묵은 하나이거나 외로움의 더께가 침묵이다. 침묵하고 있을 때 인간은 고슴도치처럼 온몸을 웅크리고 울에 갇힌 짐승처럼 포효하고 긴장한다. 실제로 침묵은 울에 갇힌 언어라 할 수 있다.

여림의 시는 살고 싶고 사랑하고 싶은 욕망에 차 있으면서도 그것을 누리지 못하는 아픔 때문에 괴롭고 슬프다.

생을 마감하기 4년 전(한국일보 신춘문예에 당선되던 1999년)에만 해도 그의 시는 슬프되 따스한 체온이 저류에 흐르고 있었다. 그의 데뷔작인 「실업」에는 그 체온이 여리게 느껴진다.

즐거운 나날이었다 가끔 공원에서 비둘기 떼와
낮술을 마시기도 하고 정오 무렵 비둘기 떼가 역으로
교회로 가방을 챙겨 떠나고 나면 나는 오후 내내
순환선 열차에 앉아 고개를 꾸벅이며 제자리걸음을 했다
가고 싶은 곳들이 많았다 산으로도 강으로도
가고 아버지 산소 앞에서 한나절을 보내기도 했다
저녁이면 친구들을 만나 여느 날의 퇴근길처럼
포장마차에 들러 하루 분의 끼니를 해결하고
아무렇지도 않게 과일 한 봉지를 사들고
집으로 돌아오는 길은 아름다웠다 아내와
아이들의 성적문제로 조금 실랑이질을 하다가

잠자리에 들어서는 다음날 해야 할 일들로
가슴이 벅차 오히려 잠을 설쳐야 했다

이력서를 쓰기에도 이력이 난 나이
출근길마다 나는 호출기에 메시지를 남긴다
'지금 나의 삶은 부재중이오니 희망을
알려주시면 어디로든 곧장 달려가겠습니다'

「실업」전문.

 이 시에서의 '즐거운 나날'은 실제로 즐거운 나날이 아니다. 그는 시에 쓰인 대로 '집으로 돌아가는 길은 아름다웠'고 '아내와 아이들의 성적문제로 조금 실랑이질을 하다가 잠자리에 들었던' 것도 아니다. 그에게 아내는 없었고 아이들도 없었다. 직장도 없었다. 그는 독신이었다. 집과 아내와 아이들은 소유하고 싶은 것일 뿐 소유한 것이 아니었다. 그러면서도 그의 시들은 소유하지 못한 세계를 부정하거나 돌멩이질하지 않았다. 그는 세계를 따뜻한 시선으로 넘어다 보았다. 이 무렵의 그의 시에는 곳곳에 따뜻한 언어들이 넘친다. 「겨울, 북한강에서 일박」도 그 하나이다.

 흐르는 강물에도 세월의 흔적이 있다는 것을

겨울, 북한강에 와서 나는 깨닫는다
강기슭에서 등을 말리는 오래된 폐선과
담장이 허물어져 내린 민박집들 사이로
하모니카 같은 기차가 젊은 날의 유적들처럼
비음 섞인 기적을 울리며 지나는 새벽
나는 한떼의 눈발을 이끌고 강가로 나가
깊은 강심으로 소주 몇 잔을 떨구었다
조금씩 흔들리는 섬세한 강의 뿌리
이 세상 뿌리 없는 것들은 잠시 머물렀다
어디론가 쉼 없이 흘러가기만 한다는 것을
나는 강물 위를 떠가는 폐비닐 몇 장으로 보았다
따뜻하게 안겨오는 강의 온기 속으로
수척한 물결은 저를 깨우며 또 흐르고
손바닥을 적시고 가는 투명한 강의 수화,
너도 … 살고 싶은 게로구나
깃털에 쌓인 눈발을 털어 내며 물결 위로 초승달
보다 더 얇게 물수제비뜨며 달려나가는 철새들
어둠 속에서 알처럼 둥근 해를 부화시키고 있었다.
「겨울, 북한강에서 일박」전문.

  시인은 속 깊이 느끼고 있을지도 모르는 죽음의 예감
을 저만큼 밀어내 놓고 눈발이 흩날리는 북한강을 찬찬히

본다. 강가에는 오래된 폐선과 민박집들이 늘어서 있고 하모니카와 같은 기차가 기적을 울리며 지나간다. 폐비닐들도 물 위에 떠 흘러간다. 시인은 강물에 손을 적신다. 강물이 따뜻하다. 시인은 '너도 … 살고 싶구나' 하고 강물이 말하는 것을 느낀다. 그 느낌은 시인에게 다시금 살고 싶다는 욕망을 불러일으키고, 살 만한 세상이라고 생각하게 된다. 허나 '살 만한 세상'이라는 말이 곧 긍정적인 것이 되지는 못한다. '살 만한' 아래는 죽음의 그림자들이 넘실거린다.

실제로 그 그림자들은 여림에게 긍정의 길로 걸어가게 하지는 않았다. 세계도 그 길을 허락하지 않았다. 날과 달이 거듭할수록 시인은 점점 깊은 방으로 들어갔고 술에 취해 비틀거렸다. 앞에서 우리는 수차례 '살 만한 그럴 듯한 이유'를 말했지만, '살 만한 그럴 듯한 이유'란 '죽을 만한 그럴 듯한 이유'에 다름 아닌 것이다.

그 즈음, 여림은 밤마다 컴퓨터의 자판을 두들겼던 것 같다. 컴퓨터는 그의 외로움이었고 침묵이었으며 죽음의 그림자에 다른 것이 아니었다. 그는 거의 은유도 상징도 동원하지 않았다. 「실업」이나 「겨울, 북한강에서 일박」 「밥이 내게 말한다」 「나는 집으로 간다」들과는 달리 직설적이었고 보폭이 빨랐다. 은유와 상징이 동원된 경우라

할지라도, 그 은유와 상징들은 직설적인 말들에 휩쓸려 힘을 얻지 못했다.

그는 컴퓨터에 '이 길이 끝날 즈음에 네가 서 있어 주었으면 좋겠다'고 적어 넣는가 하면 '살아야 한다를 살아가야겠다고 수정한다' '살아야 한다는 절실한 다짐을 가슴 깊이 각인하고서 세상의 것들에게서 발을 떼려 한다'고도 적어 넣는다. 그런가 하면 '나는 책상 위에 커다랗게 대체로 사는 건 싫다라고 써 붙여'두기도 한다.

여림은 더욱 거칠게 '길이 보이지 않는다' '나는 절망한다' '안녕 내 사랑'이라고 적는다.

급기야 여림은 그의 시편들이 아직도 빨간 불을 켜고 깜박깜박 하는 컴퓨터와 작별하고 박형준과 이승희, 김진주와도 작별한다. 여림은 아름다운 세상에게도 하직인사를 하고서 '언젠가는 나를 저 높은 곳으로 이끌어줄 사다리가 되리라' 믿었던 곳으로 걸어 올라간다. 그는 우리 곁을 떠나 '따듯한 불빛'이 가득한 집으로 간다.

나는 그가 더 많은 날과 밤을 살아주기를 바랐던 편은 아니었다. 더 많은 시를 쓸 시간을 갖기도 바라지 않았다. 하지만 시의 길은 택해서 걸었고, 시인이었던 사람이 어떻게 시 한 편을 달랑 세상에 발표하고 그 많은 세월을 견딜 수 있었던가, 여림은 침묵을 이길 수 있었던가, 여림이 침묵 그 자체였던가 하는 물음이 바닷가의 파도처럼 내

목을 친다. 이 글을 쓰고 있는 지금도 그의 침묵이 아프다.
　여름은 갔으되 오래오래 그 아픔은 내 가슴을 치리라.
그런 밤엔 다시 그의 시집을 찾아들고 읽게 되리라.

절실한 울림

박 형 준

(시인)

 영진의 모습이 아른거린다. 가끔은 그에 대한 생각으로 소스라쳐 깨어난다. 생전에는 보지 못했던 그의 시편들을 만지작거리며 물끄러미 바라보기도 한다. 종잇장에서 금세라도 그의 목소리가 들려올 것만 같다. "형준아, 내가 김장 해주러 한번 올라갈까." 그가 죽기 한 달 전 전화 속에서 힘겹게 말했다. 그의 말끝은 흘러내렸고, 힘없이 떨어지는 형. 준. 아. 내. 가. 김. 장. 해. 주. 러 … 라는 말은 이승에서 들은 그의 마지막 음성이 되고 말았다.
 그가 죽었다는 소식을 나는 부산에서 들었다. 그 날은 영화제가 시작되는 날이었고, 몇몇 문인 친구들과 이제하 선생님의 공연이 열린 부산의 한 카페에서 술을 마시고 있을 때였다. 그의 사망 소식은 삐걱거리는 목조 계단을 밟고 올라오는 것처럼 내 마음 속에 저음低音으로 가라앉았다. 믿지 못하는 순간이 내게 찾아온 것이다. 선생님은 여러 차례 앙코르를 받았고, 나는 점점 술에 취했으며, 어느 순간 나는 일행들과 함께 해운대 앞 바다에 있었다. 만월이 떠 있는 달빛을 받아 나비가 쓴 글씨처럼 음영을 만들고 있었다. 바다는 파도 속에서 나타났다 사라지곤 하였다.

부산에서 새벽 첫차를 타고 올라왔지만 장례식장에 도착했을 때는 날이 어두워지고 있었다. 남양주장례식장. 산중턱에 자리잡은 장례식장으로 가는 길에 택시는 자꾸 미끄러지고 있었다. 진눈깨비였다. 길 가장자리에 몰려든 낙엽들은 얼어 있었지만, 얼음알갱이에 갇힌 낡은 잎맥들이 바람에 나무 뿌리 쪽으로 간신히 몸을 들썩였다. 그는 죽어서도 쓸쓸하고 외진 장례식장에 누워 있었다. 자정무렵 나는 만류하는 친구들의 손을 뿌리치고 터덜터덜 택시를 타고 올라온 길을 되짚어 내려갔다. 길가에 얼어서 터진 빛나는 낙엽들을 발로 툭툭 차며 어둡고 긴 길을 내려가는 동안 나도 모르게 눈물이 나왔다.

그는 죽은 후 꿈에 한번도 나타나지 않았다. 나는 김장을 해주러 오겠다는 그의 말을 차갑게 끊어버렸다. 전화기 너머에서 들려오는 힘없는 음성에 묻은 외로움과 그리움을 짐짓 모른 척 외면해버렸다. 20대 초반이었던가. 그의 어머니가 계신 마석으로 그를 찾아간 적이 있다. 밤새도록 함께 술을 마시고, 취해서 방 한구석에 널브러져 있는데, 어둠 속에서 그가 가만히 내 손을 잡아 주었다. 시에 절망하고 도무지 풀릴 것 같지 않은 삶에 한없이 도주하던 시절이었다. 그 역시 외롭고 고단하긴 마찬가지였지만 그가 지닌 여린 심성은 친구의 절망을 조용히 감싸주었다. 어둠 속에서 손을 가만히 쥔 채 내려다보는 그의 눈망울이 지금도 불쑥불쑥 떠올라온다. 그가 서울에서 출판사에 다닐 때 집에 놀러오면 다음날은 어김없이 방이 깨끗이 청소돼 있고 냉장고에 김치와 반찬이 정성스럽게 올려져 있었다. 그러고도 모자라 그는 혼자 사는 내가 안쓰러워 결혼시키기 위해 발벗고 여자를 소개시켜 주었지만 내가 그에게 해준 것은 아무것도 없다. 시인인 그가 여린 심성 때문에 발표지면 하나 제대로 얻지 못하고 있어도, 나는 한번도 그에게 시를 보여달라는 말을 하지 않았다.

그가 죽고 유고집을 만들기 위해 친구가 그의 시를 취합해 메일로 보내왔을 때에야 나는 내가 얼마나 모진 사람인가를 알게 되었다. 그의 시에 배인 외로움과 슬픔, 그리고 절망은 그가 일찍 죽을 수밖에 없는 시인임을 절절하게 증언하고 있었다. 아무런 수사 없이도 시행을 감싸고 있는 진실한 울림은 시란 영혼으로 쓰는 것이지 손으로 쓰는 것이 아님을 아프게 깨우쳐줬다. 그가 최하림 선생님을 좋아한 것도, 필명을 선생님의 이름을 따 여림으로 삼은 것도, 영혼이 저절로 토해져서 나오는 시의 길을 밟고자 한 그의 의지였다는 것을 뒤늦게야 알게 되었다.

  전화는 언제나 불통이었다. 사람들은
  늘 나를 배경으로 지나가고 어두워진
  하늘에는 대형 네온이 달처럼
  황망했었다. 비상구마다 환하게 잠궈진
  고립이 눈이 부셨고 나의 탈출은 그때마다 목발을 짚고 서 있었다.
  살아있는 날들이 징그러웠다. 어디서나
  계단의 끝은 벼랑이었고 목발을 쥔 나의 손은 수전증을 앓았다.

                    「계단의 끝은 벼랑이었다」 전문.

어느 비오는 봄날이었던가. 술에 취해 집으로 돌아오는데 살구꽃잎이 현관 유리문에 붙어 있는 것을 보았다. 살구꽃잎에 있는 여리고 자잘한 붉은 핏기가 영진의 영혼처럼 내 마음을 파고들었다. 아무에게도 말하지 않고 절망 속에서 자신의 살을 떼내어 시로 만든 그의 일생은 비

맞은 채 현관 유리문에 붙은 살구꽃잎처럼 내 마음 속에서 떨어지지 않는다.

지금도 새벽이 가까운 시간이면 불현듯 전화벨이 울릴 것만 같다. 아무런 목소리도 들리지 않는 수화기 속에서 환청처럼 "너 더러운 것 보기 싫어 내가 함께 살아 주어야겠다"는 그의 말소리가 금방이라도 들릴 것 같다. 영진아, 한달만 같이 살자는 너의 청을 나는 석사논문을 써야 한다는 핑계로 매정하게 거절했었지. 너는 강가에 앉아 안개 속에서 새들이 걸어가는 모습을 보며 "하루종일 살아야 한다는 근사한 이유 하나를 나는 생각했었다"고 했지. 그 안개 속의 새가 내가 될 수 있었음을, 작은 희망이 될 수 있었음을 왜 나는 몰랐을까.

나는 그동안 그의 시를 몇 번이나 읽었는지 모르겠다. 세상에 절망하는 이유가 세상을 사랑했기 때문임을 그의 시만큼 아프게 전해준 시를 나는 본 적이 없다. 그가 한번만 꿈속에 와준다면, 이제는 그가 해준 김치에 밥을 척척 얹어서, 함께 웃으며 밥을 먹자고 말하려고 해도, 그는 나타나지 않는다. 술을 좋아해서 지금도 하늘나라 어느 선술집에서 술을 마시고 있을 그가 한번만 따뜻한 손길을 뻗어 내 손을 만져준다면 좋으련만, 한밤중에 전화를 들면 뚜우뚜 신호음만 들려올 뿐이다.

그가 탁월한 시인이었음은 그의 시를 소리내어 읽어보

면 금방 알 수 있다. 절실한 시는 수사에 있지 않고 거친 듯하면서 여린 호흡 속에서 나오는 것임을 깨닫게 된다. 그러한 그의 시는 이제 내 영혼의 둥지가 되어, 그가 보고 싶을 때마다 나는 가만히 그의 시에 손을 올려놓아 본다. 그의 온기가 너무 따뜻해서 아프다.

  이렇게 바람이 심한 날이면 느낄 수 있어
  사랑은 저리도 절절이 몸을 흔드는 나무와 같다는 걸
  그 나무 작은 둥지에 새끼를 품고 있는 어미새와 같다는 걸
  그런 풍경을 안타깝게 바라보는 우리 두 마음이라는 걸
「느낌」전문.

네가 가고 나서부터 비가 내렸다*

이승희

(시인)

_창문 밖은 이른봄이었겠지요

1986년 그 겨울 우리들은 신촌 주변을 배회하고 다녔다. 술집으로 여인숙으로 어두운 골목으로 사춘기 소년들처럼 쏘다녔다. 아무 말이나 떠들어댔고, 아무 노래나 불렀다. 무엇으로도 달랠 수 없던 청춘 같았다. 모두 잠든 듯 조용했으나 아무도 잠들지 않았다. 시는 골목의 막다른 끝에서만 보이는 반짝이는 별 같았다. 그리고 우리는

* 『유심』 12월호, 「특집 - 요절시인을 그리워하다」에 수록된 원고를 이승희 시인이 수정·보완한 글.

그 별에 자주 베였다. 벤 곳의 상처는 겨울이 지나고 봄이 와도 아물지 않았다. 그리고 그 겨울 그는 갑자기 사라졌다(그 후에 들은 이야기로는 갑작스런 아버지의 죽음 때문이었다).

여림 시인을 다시 만난 것은 1999년 1월이었다. 그러니까 여림 시인이 한국일보를 통해 막 등단했을 무렵이다. 다짜고짜 마석에 있던 여림의 집으로 찾아갔을 때 그는 혼자였다. 환한 대낮이었고, 책상 위에는 거의 비어가는 소주병이 있었다. 그가 소주 한잔을 털어 넣고는 내게 잔을 건넸다. 그는 좀 취해있었다. 술병이 비었고, 그는 옷장을 뒤지더니 다시 소주병을 가져왔다. 참 많이 말랐다. 눈은 한없이 깊었고, 시 이야기는 한 마디도 하지 않았다.

　술을 마시는 게 두려운 나날이었습니다
　옷장 속에, 책상 서랍에 술병을 숨겨 두고
　혼자 마시는 술은 독약이었습니다
　떨리는 손으로 이력서를 쓰다 말고
　내어다 본 창문 밖은 이른봄이었겠지요
　　　　　　　　「나는 공원으로 간다」 부분.

나는 절망한다
아니,

절망도 아닌 그 무엇
어머니는 새벽기도를 나가시고 나는,
갈수록 흐려지는 눈을 헤집으며 여기 앉았다
이빨을 지그시 짓누르는 삶은 회한들
그러고도 모자란 듯 호흡은 갈수록 나를 괴롭힌다
시를 쓰는 자들의 영특함, 혹은 영악함
자신과의 어떤 축, 혹은 城을 구축하려는 모습이
눈을 감고 그 눈 속이 쓰린 만큼 아프다
나는 꿈을 이루었다
이것으로 되었다
시인이 되고 싶었을 따름이지 시인으로서 굳이
어떤 말을 하고 싶지 않았다
「1999년 2월3일 아침 04시 40분」 부분.

이 시는 어쩌면 시가 아닌 초고 정도의 메모일 거라고 생각된다. 그러나 막 등단을 하고 두 달여 만에 그가 느낀 절망, 그것이 무엇이든지 그는 이미 침묵의 삶을 살기로 작정한 듯 보였다. 이후 그가 세상을 떠나기 전까지 몇 년 동안 그를 만나는 동안에도 그는 시 이야기를 거의 하지 않았다. 술을 마셨고, 고단한 삶의 이야기만 나누고 술에 취해 울고 1986년의 겨울처럼 다 슬펐다. 그는 간간이 출판사를 다녔고, 집에서 출판사 일을 좀 했으며, 자주 취했고, 어느 날은 전화해서 "하늘이 너무 파랗잖아. 죽고 싶게"라고 자주 말했으며, 새벽에 술 취한 채 전화를 걸곤 했다. 나는 그의 전화를 친절하게 받아주지 못했으며 얼마 후 이미 어떤 말도 할 수 없는 그의 마지막 모습과 마주쳐야 했다. 간경화 쇼크. 그게 2002년 11월이었다.

_안개 속으로 새들이 걸어간다

난 사실 아직도 그를 만난 1986년 이전의 그의 생에 대해서는 잘 알지 못한다. 출생연도만 해도 학교 다닐 무렵엔 1965년으로 들었고, 그의 유고시집엔 1966년으로, 다른 곳(『시에 죽고, 시에 살다』(우대식, 2014)에서는 1967년으로 나온다. 그리고 2002년 11월에 그가 세상을 떠났으니 서른여섯 해의 그의 생애에서 그를 만난 시간도 그리 길지는 못했다. 등단 후 그가 세상을 떠나기 전까지 만난 몇 년, 그리고 그의 유고시집에 묶인 시를 통해 그 너머를 생각해 볼 뿐이다.

여림 시인이 자신의 필명을 '림'이라할 만큼 따랐던 최하림 시인은 유고 시집에 실린 글에서 '밤으로 들어가지 않고는 꿈을 꿀 수 없듯이 침묵 속으로 들어가지 않고서는 말[言]을 얻을 수 없다'고 했다. 그의 침묵도, 그의 죽음도 어쩌면 그런 것이 아닐까 생각해 본다. 더불어 분명한 것은 시인은 누구보다 살고 싶고, 사랑하고 싶어 했다는 점이다. 그의 많은 시 속에서 비록 고단한 현실이지만 끊임없이 따뜻한 불빛의 집을 그리워하고, 그것이 삶을 버티는 힘이 되었음을 고백하고 있기 때문이다. 그의 시 「마석우리 詩·1, 2」, 「나는 집으로 간다」 등의 시는 그런 그의 마음이 눈물겹게 드러나 있다. 시인은 등단 후 시를 발표하지 않았으며 시집도 내지 않았다. 『안개 속으로 새들이 걸어간다』는 그의 유고 시집이다.

_장례식장의 나비

그는 세상으로부터 이해받지 못했다. 그래도 우리는 그를 이해하려 애썼고, 이해할 수 있는 부분이 있어서 좋았다. 그가 떠나고 싶었던 나라, 그리고 그가 닿고 싶었던 나라가 있다. 나는 그가 그 나라로 갔을 거라고 믿는다. 그날 눈이 왔다. 첫눈이었다. 첫눈이 잠깐동안 폭설처럼 내리는데, 그 모든 눈이 나비처럼 내려와서 흩어졌다. 영정 사진 속 그는 살짝 웃고 있었다. 며칠 전 그의 참혹했던 모습은 사진 속에서는 보이지 않았다.
그가 그렇게 세상을 떠나고 1년 후쯤 그를 만났다. 한

번도 본 적 없는 검은 색 양복을 입고 있었다. 시인은 왜 내게 그날 장례식장에서 울지 않았느냐고 거세게 따졌다. 나는 울었다고 말했지만 믿어주지 않았다. 미안해서라고, 그렇게 차마 말하지 못했다. 두 해 전 겨울 나는 혼자서 인도와 네팔을 다녀왔다. 그 여행길에 두어 권을 시집을 가져갔는데, 여림 시인의 시집도 있었다. 여행을 다녀와서 쓴 시로 마무리를 대신한다.

너는 그때 외롭다고 말했다
- 안나푸르나에서 여림 시인에게

판자 사이로 달빛이 들어와 같이 자자고 했다. 나도 소년이었을 때 누군가에게 그렇게 말했었다. 이불을 덮어주었다. 이불을 덮어주고 마음이 행복해지는 건 오래되지 않은 일이다. 몇 개의 국경을 지나는 동안 너는 내게 죽고 싶냐고 묻지 않았다. 왜 그렇게 사느냐고 말했다. 그때마다 왜와 그렇게 사이가 너무 멀어서 나는 어디쯤에서 울어야 할지 몰라 아무 말도 하지 못했다. 때로는 네가 그 사이로 나를 찾아오기도 했다. 너는 술에 취했고 나는 장롱에 등을 대고 담배를 피웠다. 그리고 나는 혼자서 낭떠러지처럼 늙어가는 꿈을 꾸었다. 죽을 준비가 되었으니 우리 이제 같이 살자, 같이 살자 그렇게 말하는 사람을 만나고 싶었다. 외롭다는 그 진부한 말에게 미안해서 자꾸 울게 되는 밤. 나는 너의 이름을 거기 두고 왔다.

계간『발견』 2015년 봄호.

연보 · 자료

여림

연보

본명_ 여영진

1967년 경상남도 거제시 장승포 출생.

1985년 해성 고등학교 졸업.

서울예술전문대학교(현 서울예술대학교) 입학하였으나, 중퇴.

1999년 「실업」으로 한국일보 신춘문예 시 등단.

2002년 타계(11월 16일).

2003년 유작으로 남은 시편들을 벗들이 수습, 편집하여 유고 시집 『안개 속으로 새들이 걸어간다』(작가) 출간.

2014년 『시에 죽고 시에 살다』(우대식, 새움)에 여림의 생애와 시 소개.

2015년 시 전문 월간 문예지 『유심』(12월호, 「겨울밤, 요절 시인을 읽다」 특집)에 이승희 시인이 여림 소개

「탈영일지 -그 가을 어느 날」육필 원고

비 고인 하늘을 밟고 가는 일
여림 유고 전집 1967-2002

초판 2쇄 발행 | 2018년 8월 20일

지은이 | 여림
펴낸이 | 신동혁
편집 | 안희성
디자인 | 催側
펴낸곳 | 최측의농간
출판등록 | 2014년 12월 31일 제25100-2017-000014호
주소 | 서울특별시 마포구 마포대로 25 7층 78-1
전자우편 | choicheuks@gmail.com
블로그 | blog.naver.com/choicheuks
대표번호 | 0507-1407-6903
팩스번호 | 0504-467-6903

© 여영천, 2016, printed in Korea

ISBN | 979-11-956129-2-5 03810

이 책의 판권은 지은이와 최측의농간에 있습니다. 이 책 내용의 전부 또는 일부를 재사용하려면 반드시 양측의 서면 동의를 받아야 합니다.
이 도서의 국립중앙도서관 출판예정도서목록(CIP)은 서지정보유통지원시스템 홈페이지(http://seoji.nl.go.kr)와 국가자료공동목록시스템(http://www.nl.go.kr/kolisnet)에서 이용하실 수 있습니다.
(CIP제어번호: CIP2016012196)